ENTUSIASMO Y DELIRIO DIVINO

JOSEF PIEPER

ENTUSIASMO Y DELIRIO DIVINO

Sobre el diálogo platónico *Fedro*

EDICIONES RIALP
MADRID

Título original: *Begeisterung und Göttlicher Wahnsinn*

© 1995 *by* Kösel-Verlag, una división de Penguin Random House
Verlagsgruppe GmbH, Munich.
© 2026 de la versión española, realizada por Consuelo García
by EDICIONES RIALP, S. A.,
Manuel Uribe 13-15 - 28033 Madrid
(www.rialp.com)

Preimpresión: www.produccioneditorial.com

ISBN (edición impresa): 978-84-321-7303-5
ISBN (edición digital): 978-84-321-7304-2
ISBN (edición bajo demanda): 978-84-321-7305-9
ISNI: 0000 0001 0725 313X
Depósito legal: M-26077-2025
Impreso en Anzos, S. L., Fuenlabrada (Madrid)

ÍNDICE

PRÓLOGO

QUIEN SE DIRIJA A LOS historiadores de la Filosofía para informarse sobre las cuatro o cinco obras más importantes de Platón no obtendrá probablemente la misma información de todos; pero es casi seguro que, junto al *Banquete, Política, Fedón*, le sea nombrado el diálogo *Fedro*.

Este diálogo ha tenido un destino extraño en la historia de la investigación platónica de los últimos cien años; se ha podido decir de él con razón que ha formado hasta ahora el centro de las discusiones en la investigación de Platón[1]. El motivo inmediato de esta controversia, la cuestión de la fecha, es algo que no nos interesará explícitamente en esta exposición. Pero esta cuestión se ha encendido en el *contenido* y en la *forma* misma de la obra. Y no se trata de un par de años o de un decenio. Unos, como Schleiermacher y Usener, por ejemplo, afirman que

---

[1] *Überwegs Grundriss der Geschichte der Philosophie*, I (Berlín, 1926), 283.

se trata de una obra temprana, cuando no del primer libro del joven Platón; mientras que los otros dicen que este diálogo es manifiestamente una obra de la vejez, escrita cuando el maestro tenía por lo menos sesenta años, después de la *Política* y del *Banquete*. Kurt Hildebrandt dice: «De no ser por la autenticidad de la transmisión, el excesivo criticismo de este tiempo hubiera fácilmente conseguido, por medio del método histórico-crítico, demostrar su falsedad»[2]. Sin embargo, este método histórico-crítico ha demostrado, al contrario, como muy probable que se trata de hecho de un diálogo del Platón maduro, escrito en su cumbre, en el mismo decenio del *Banquete* de la *Política* y del *Fedón*.

Mencionó todo esto para poder dejarlo definitivamente. Agradecemos la prueba de autenticidad histórica y la clasificación cronológica de este diálogo en los años cumbres de Platón. Pero nuestro interés se orientará a partir de ahora exclusivamente al contenido del diálogo *Fedro*. Como he dicho, ha sido sin duda lo especial de la expresión lo que ha dado lugar a clasificaciones cronológicas tan dispares. Ya en la Antigüedad había chocado la dicción y estructura de *Fedro*. Sabemos que el neoplatónico alejandrino Hermeias, que escribió un comentario del *Fedro*, tuvo que defender a su autor, Platón, contra muchas objeciones: inmadurez, barroquismo, polémica primitiva[3]. Del mismo modo, el hecho de que este diálogo haya provocado caracterizaciones tan distintas

---

[2] *Platons Phaidros* (Kiel, 1953), 15.

[3] Z. DIESENDRUCK, *Struktur und Charakter des platonischen Phaidros* (Wien, Leipzig, 1927), 2.

respecto de su contenido es, a primera vista, algo raro, por no decir sospechoso. Pues en último término es, o al menos así tendría que ser, posible constatar el tema en cuestión. Y además, los distintos subtítulos antiguos de «del amor», «del alma», «de lo bello», se dejan también reducir a un común denominador. Pero esto mismo sería imposible desde las caracterizaciones aparecidas desde Schleiermacher, o sea, desde comienzos del siglo XIX. El mismo Schleiermacher cree que el verdadero tema del *Fedro* es el arte del pensamiento libre y de la comunicación culta o dialéctica[4]; Susemihl, asimismo traductor de Platón e importante historiador filosófico, decía alrededor de 1850: «El punto de unión es la *Anamnesis*»[5]. En 1898 escribía el filósofo Paul Natorp, en un tratado sobre el *Fedro* de Platón: «El pensamiento vinculador es el de comunidad»[6]. Wilamowitz en su obra sobre Platón, aparecida inmediatamente a la segunda guerra mundial, titula el amplio capítulo dedicado al *Fedro* de un modo que viene a significar todo lo contrario. «La naturaleza —dice Wilamowitz— concedió a Platón, en un momento feliz, la fuerza de resumir todo en este diálogo: «De este modo llamaré al capítulo que trata del *Fedro* "un feliz día de verano"». Y añade: «Igual si me injurian que si me ponen en ridículo, es así como veo al poeta en cuya alma intento ambientarme»[7]. Pero todavía queda lo más asombroso, y

---

[4] *Platons Werke* I (Berlín, 1804), 46.

[5] *Die genetische Entwicklung der platonischen Philosophie,* I (Leipzig, 1855), 275.

[6] *Philologus,* 48 (1898), 428.

[7] *Platon. Sein Leben und seine Werke* (Berlin, Frankfurt am Main, 1948), 361.

que he reservado para el final. «El *Fedro*, reza la más reciente caracterización, debe ser venerado como el escrito sagrado de la cultura platónica en su sentido auténtico», esto se puede leer en la edición alemana del *Fedro* de Kurt Hildebrandt, aparecida en 1953[8].

Quien considere todas estas contradicciones tendrá que pensárselo tres veces antes de decidirse por una interpretación. Y yo mismo confieso que he vacilado durante diez años. Por una parte, me sentía fascinado por algunos pasajes de este diálogo, del cual se comprende que haya poseído una fuerza de irradiación sin igual. Hölderlin, por ejemplo, ha querido saber entendida su propia teoría sobre lo bello como una especie de comentario al Fedro. Por otra parte, era, sin embargo, difícil superar esta confusión caótica provocada por la multiplicidad de las interpretaciones, tanto de las abstractas-críticas como de las simplemente románticas-entusiastas. Y por si no bastase, el diálogo mismo es una cosa bastante confusa no solo a primera vista, sino también cuando se profundiza en él. La disposición de las dos partes principales no solo es primitiva, sino que parecen no tener ninguna conexión entre sí. Y esa falta de coherencia, dice Usener, esa torpe estructuración del diálogo, «es un signo seguro de la juventud del autor»[9]. Si, por ejemplo, se considera por separado la primera, la más importante parte del diálogo, se ve que posee una cohesión temática suficiente, pero que se habla sobre el tema de un modo altamente extraño. Se trata de

---

[8] *Platons Phaidros*, 69.

[9] *Die Abfassungszeit des platonischen Phaidros,* Rheinisches Museum (1880), 131 s.

tres discursos. El primero de ellos es, desde el principio hasta el final, cita; algunos intérpretes opinan que se trata de una parodia del autor, en apariencia, citado; en todo caso, este primer discurso es presentado como la declaración de un hombre que no está presente; el discurso es leído. El segundo discurso es de hecho sostenido por Sócrates, pero casi no ha acabado cuando ya dice: que nada de lo que ha dicho es serio y que todo es vergonzosamente falso. Y luego, en el tercer discurso, sostiene exactamente lo contrario de lo anteriormente dicho. La confusión es completa al leer en la literatura platónica erudita, que ninguno de estos tres discursos, que representan una buena mitad de la obra, poseen un significado objetivo; y que se trata, más bien, de pruebas, de ejercicios y de modelos retóricos. Y a la pregunta de si tampoco tiene nada que significar el hecho de que los tres discursos versen sobre el *eros*, se replica que este tema poseía una «fuerza de atracción especial para la juventud ateniense»[10].

Creo, no obstante, que merece la pena ensayar una interpretación del *Fedro*. Al descifrarlo daremos con tantos descubrimientos, tantas respuestas y esclarecimiento de la realidad humana, que ello nos compensará por haber escuchado con atención. Y en conjunto merece siempre la pena, o si se quiere, es necesario, escuchar siempre a Platón, no exclusivamente a fin de aprender algo sobre Platón mismo, sino, ante todo, para aprender algo sobre algunas cuestiones fundamentales de la existencia que él, Platón, ve y que intenta expresar e interpretar; y frente a las cuales, nosotros, nos encontramos siempre necesitados de

---

[10] Cf. DIESENDRUCK, 6.

consejo y esclarecimiento. Yo no pretendo, por mi parte, haber dado con la "clave"; antes bien, nos veremos obligados a dejar de lado muchas cosas por no rimar con nada. Tampoco será nuestro objetivo primordial hallar un pensamiento básico de coherencia; ni buscaremos la fórmula que, como en un slogan, traduzca todo el contenido del diálogo. Por otra parte, también pasaremos por alto la cuestión que tanto ha preocupado a la investigación platónica, o sea, la de la posición que el diálogo *Fedro* ocupa dentro del sistema filosófico de Platón; «El lugar dentro del sistema», reza el título de un capítulo en un escrito filosófico-histórico sobre *Estructura y Carácter del Fedro platónico*[11]. Existen muchos argumentos en contra de lo que se pudiera llamar un sistema platónico. Y los verdaderos expertos de Platón se ven obligados de continuo a reconocerlo. En el libro sobre Platón de Wilamowitz se dice que Platón «no ha llegado a una unidad lógica de sus doctrinas e ideas sobre el alma humana»[12]. Esto es absolutamente cierto, pero lo que ya me parece más discutible es cómo acaba la frase. «Quien aprecie al hombre Platón —continúa— acabará por alegrarse a causa de tales contradicciones, pues sentirá que forman necesariamente parte de este hombre y de su alma». Confieso que un tal punto de vista me parece fatal y penoso. Y trato de representarme la reacción de Platón o Sócrates en el caso de que alguien les hubiera dicho: «¡No veo ninguna conexión lógica en lo que dices, pero me agrada que seas una personalidad tan viva y llena de contradicciones!».

---

[11] *Ibid.*, p. 33.
[12] *Ibid.*, p. 374.

Muy al contrario, la grandeza de las ideas platónicas radica, antes bien, creo yo, en el hecho de haber sido obtenidas mediante un estudio profundo del objeto del discurso en cada situación concreta —sin tener en cuenta si el resultado rima o no con las ideas deducidas en otros lugares—. La renuncia a un sistema homogéneo no depende de la contradicción interna de Platón, sino —como en otros grandes pensadores, tales como Aristóteles, san Agustín, santo Tomás— del silencioso respeto ante la impenetrabilidad del mundo.

1.
ACTORES Y MÉTODO

Las personas de la acción

La primera línea del diálogo nombra solo las personas de la acción, las *dramatis personae*. No obstante, hay que leer con detenimiento esta primera línea, pues Platón habla casi con más energía a través de la personalidad de sus figuras que en tesis y doctrinas. Ella contiene únicamente dos nombres, Sócrates y Fedro.

El Sócrates de este diálogo reúne dos cualidades, en apariencia incompatibles: espíritu burlón y agudeza, y una tendencia a parodiar como no se da en otros diálogos; pero luego, el mismo hombre habla en metáforas míticas, con el mismo tono ligero, del destino del alma humana; ensalza en tono patético el divino estar-fuera-de-sí del éxtasis; descubre, con audaz gesto médico, los más íntimos secretos del *eros*; y cierra por último la controversia con

19

una oración. En verdad, como dice Wilamowitz[1], un Sócrates bien poco socrático.

El interlocutor Fedro tuvo que ser, igualmente, para los atenienses de su tiempo una figura extremadamente plástica. Y quien hoy quiera percibir lo que Platón quiso hacer perceptible entonces, tiene que intentar reconstruir esa su intención. No es posible imaginar con suficiente drasticidad la claridad que la sola lista de los participantes debía sugerir en el lector de un diálogo, para nosotros de una inteligibilidad tan directa que es apenas soportable. Esto se hace manifiesto en el momento en que se intenta traducir a nuestra época el procedimiento de Platón, en el *Banquete,* por ejemplo, y vemos a Albert Einstein, Ortega y Gasset, Bert Brecht y Jean Cocteau, reunidos en un coloquio que es, al mismo tiempo, altamente "real". Mas, ¿quién es Fedro? Es uno de los "discípulos" en torno a Sócrates, uno de esos atenienses que siguen a su maestro ciegamente y con entusiasmo, sufriendo al mismo tiempo la fascinación de todas las sensaciones de la moda.

Platón bosqueja a estos jóvenes con franca ironía. Pero se trata de una ironía cordial, de igual forma que un hombre adulto considera su propia juventud. Y pudiera ser, me parece, que Platón, que guarda en los diálogos un silencio obstinado sobre sí mismo, se hubiese retratado en estos jóvenes atenienses. En cualquier caso, se tratará siempre de una comprensión parcial de lo que ha querido decir Platón, cuando se llame a Fedro un «esteticista acrítico»[2] o un hombre de entusiasmo inmaduro y de

---

[1] *Platon*, p. 374.
[2] *Ibid.*

superficial cultura, que se deja engañar por la apariencia[3]. Claro está que la última característica coincide: Platón dice lo mismo. Pero también dice algo más; por ejemplo, que Fedro sostiene uno de los más bellos discursos sobre *Eros* del *Banquete* (asimismo ocurre con Apolodoro, que en Atenas llaman el "loco" desde que se ha vendido a Sócrates, y que es elegido por Platón para narrar lo que ha sido dicho en casa de Agatón durante el *Banquete*).

Fedro es el único interlocutor de Sócrates en este diálogo, pero forma parte de un grupo de figuras con las que el lector de Platón estaba muy familiarizado y que le eran, en parte, muy poco simpáticas. Fedro debió de haber metido bien la nariz en aquella atmósfera impregnada de tantas y tan diversas esencias.

Las primeras líneas del diálogo rezan:

Sócrates: ¡Mira quién viene por ahí, mi querido Fedro! ¿De dónde vienes y a dónde vas?
Fedro: De estar con Lisias, el hijo de Kéfalos, y me encaminaba al otro lado de la muralla con intención de dar un paseo. Llevo sentado desde que amaneció conversando con Lisias. Y ahora, por consejo de nuestro amigo Akumenos, voy a pasearme por los caminos al aire libre, pues, como él dice, es menos fatigoso que en los *dromos*.
Sócrates: Tienes mucha razón, amigo. Entonces, ¿está ya Lisias en la ciudad?
Fedro: Sí, está con Epikrates en la casa de Morichos, cerca del Olimpión.

---

[3] PAULY-WISSOWA, *Real-Enzyklopädie der klassischen Altertumswissenschaft,* Art. "Phaidros", col. 1556 s.

Elementos de la atmósfera de la Atenas intelectual: desarraigo culto

Estas primeras líneas del diálogo, que fácilmente pueden ser tomadas por una introducción bien poco original y apasionante al "auténtico" tema del diálogo, pertenecen en realidad al tema en sí. Sin embargo, solo se puede apreciar esto cuando se sabe qué figuras humanas se esconden tras esos nombres mencionados sin más explicación. El primero de ellos, Lisias, es un sofista escritor de discursos, un literato altamente versado y con un estilo excelente; especialmente admirable es su fuerza de persuasión cuando miente[4]. Fedro le llamará en seguida «el más grande entre los escritores actuales». Procede, por lo demás, de una familia conservadora; pero esta "generación joven" se ha desarraigado revolucionariamente de la anterior. Las conmociones de los últimos años de la guerra del Peloponeso han destruido el antiguo orden. Al finalizar la guerra Lisias es expropiado y su hermano ejecutado. El mismo Lisias emigra. Su primer discurso es una acusación contra los asesinos de su hermano. Una biografía, pues, que pudiera ser instrumentada heroicamente. Al principio del gran diálogo sobre el Estado encuentra Sócrates al padre de Lisias, Kéfalos, sentado en el patio de su casa, puesta la guirnalda para el sacrificio. Sócrates le pregunta lo que en su avanzada edad le aparece como lo mejor de su vida; y el anciano empieza a contar su preocupación de que bien pudieran ser verdad las narraciones tradicionales sobre recompensa y castigo

---

[4] *Ibid.*, Art. "Lysias", col. 2535.

después de la muerte, y de cómo trata, por tanto, de arreglar cuentas consigo mismo y devolver todos los bienes injustamente adquiridos (330 d), etcétera.

TÉCNICA DE VIDA ILUSTRADA: PLACER BRUTAL

A la sociedad ilustrada pertenece además la categoría de una "técnica de vivir" justa y, ante todo, la reformadora pedantería de la higiene con la propagación del "modo de vida" natural, miedosamente seguido al mismo tiempo que desdeñosamente ridiculizado por esta misma sociedad. Representantes de este higienismo entonces a la moda son Acúmeno y su hijo Erixímaco, el amigo íntimo, más concretamente, el amante de Fedro. Es este mismo Erixímaco a quien se impide en último momento que sostenga al principio del *Banquete* un discurso científico-médico sobre los perjuicios de la embriaguez (176 d). Epícrates, con quien se encuentra Lisias, según dice Fedro, es designado por Aristófanes «rétor y seductor del pueblo». Se trata al parecer, de un caballero que no toma demasiado al pie de la letra la diferencia entre lo mío y lo tuyo. Finalmente es condenado a muerte en conexión con un caso de alta traición y soborno[5]. Por lo que se refiere a Morichos, citaré únicamente la breve caracterización de Pauly-Wissowa: «Trágico mediocre cuyo principal interés estaba dedicado a los goces culinarios»[6].

En las primeras líneas del diálogo se configura plásticamente la atmósfera en la que viven los jóvenes

---

[5] *Ibid.,* Art. "Epikrates", col. 119.0
[6] Ibid., Art. "Morychos", col. 326.

intelectuales atenienses. Es la atmósfera de una irrespe-
tuosidad y desarraigo cultivados hasta el refinamiento, de
una técnica de vivir ilustrada al mismo tiempo que una
brutal avidez de placeres, y en medio de este clima, extra-
ñamente intacto, pero también extremamente amenaza-
do: ¡Fedro! Justo de regreso de una tal sociedad encuentra
a Sócrates, que en seguida pregunta: «¿De qué habéis hablado?» Pero se interrumpe y se corrige: naturalmente,
Lisias os ha obsequiado con sus discursos, con sus últimos
recién acabados "ensayos". Esta presunción se demuestra
acertada y esta vez se ha tratado de algo que, según dice
Fedro, afecta de un modo especial a Sócrates: «¡A ti es a
quien justamente concierne!». Pues la nueva obra literaria
de Lisias es un *logos erotikós*, un discurso sobre el amor.
El «más grande entre los escritores actuales», dice Fedro,
ha dado a luz algo extremamente diferenciado, algo totalmente nuevo y original sobre este viejo e inagotable tema.
Como en casi todos los diálogos platónicos, también en
Fedro está caracterizada la situación inicial por el entusiasmo de la nueva generación por la sofística, más adecuado
sería, quizá, hablar de fascinación o encantamiento que
de entusiasmo. El mismo Platón ha descrito esta actitud
detalladamente en su diálogo *Protágoras*, un ejemplo que
será siempre clásico. Es la historia del joven Hipócrates,
que llega corriendo mucho antes del amanecer a casa de
Sócrates y responde a la preocupada pregunta de este de
si ha ocurrido algo malo con la sola explicación de que
Protágoras ha llegado. E insta a Sócrates a que le presente,
en seguida, al famoso sofista. Este joven está dispuesto a
sacrificar todo su dinero y hasta el de sus amigos, así lo
dice, si es necesario. Fedro es justamente de la suerte de

este Hipócrates. «Más que todo el oro», dice, le interesa «referir con justeza lo que este hombre ha dicho», y ante todo *cómo* lo ha dicho. El mismo Sócrates simula también el papel del encantado: «cuenta lo que ha dicho; no me separaré nunca más de tu lado aún cuando fueses andando hasta Megara; con la promesa de poder escuchar algo parecido podrías llevarme a través de toda el Ática como una cabra hambrienta a la que se le enseña hierba fresca». Como Fedro se hace rogar, Sócrates se impacienta y le insta de nuevo, volviendo a invocar este total embrujamiento: toda la mañana ha escuchado este Fedro a Lisias, una y otra vez; y luego se ha sentido fatigado y ha salido a dar un paseo para poder repetir en voz baja el discurso «por el camino, lo sabía ya de memoria». Y luego, fuera, encuentra al hombre que padece de la enfermedad de escuchar tales cosas; encuentra al «compañero coribántico». «¡Así ha sido; no hagas, pues, remilgos, ¡cuenta!». Y casi no ha acabado de empezar Fedro, que ya le vuelve a interrumpir Sócrates: «¿qué escondes en la mano izquierda bajo el manto? Lo sabía: tienes el discurso mismo. Léemelo». Me parece que hay que reflexionar sobre este, para nosotros, un poco irreal entusiasmo de la juventud ateniense por la sofística para comprender correctamente no solo el tono de Platón, sino también la intensidad de su preocupación.

SOFÍSTICA: «EL RAZONAMIENTO CULTO» (HEGEL)

Habría que hablar algo más extensamente sobre la sofística, lo que es naturalmente imposible aquí. De todos modos hay que hacer tres breves observaciones. Los grandes sofistas no son: *Primero,* raros arlequines intelectuales que anuncian ideas abstrusas; antes bien, representan un nivel formal que realiza el último grado posible de perfección. Los historiadores tienen razón cuando hablan de los fundadores de la cultura formal en Occidente. Werner Jaeger ha llamado a los sofistas los «primeros humanistas»[7]. Hegel dice: «los sofistas incorporan el razonador culto por excelencia»[8]. Por tanto, quien busque analogías actuales para el fenómeno sofística tendría que hacerlo entre los representantes modernos de la *haute littérature.*

APARIENCIA DE SABIDURÍA Y FALSA ACTUALIDAD

Segundo punto: corresponde a la naturaleza de la sofística su difícil identificación; lo destructivo es especialmente difícil de reconocer en ella. Platón no cesa de intentarlo a lo largo de su vida; en un diálogo tardío, el *Sofista,* empieza preguntando qué es en realidad un sofista. Es conocido que Sócrates pasaba por sofista para un hombre tan genial como Aristófanes, o sea, que fue justamente confundido con lo que había de más opuesto a su ser. Pero ello significa a su vez, que Aristófanes no supo reconocer a los sofistas. Aristóteles tiene siempre una definición a punto para la sofística, y especialmente, el nombre "pseudo-sabiduría". El intérprete americano de Platón, John Wilde, dice: El sofista «tiene la misma apariencia de un filósofo, habla exactamente igual que un filósofo,

---

[7] *Paideia* I (Berlin, Leipzig, 1936), 396.

[8] *Sämtliche Werke* (Jubiläumsausgabe). H. GLÖCKNER. 18 (Stuttgart, 1928), 27.

se puede decir: se parece mucho más a un filósofo que el filósofo mismo»[9].

La sofística es —*en tercer lugar*— un fenómeno que, como dice Hegel, «reaparece en todos los tiempos»[10], y con el que hay que contar en todas las épocas. A la naturaleza de la sofística pertenece el ser vanguardista; siempre pretende ser lo "ahora" necesario y justo, lo actual, lo moderno. Sofística y actualidad son conceptos que se encuentran coordinados de un modo característico. Esto no quiere decir que vanguardismo sea siempre necesariamente sofística; mas en este ámbito hay que contar siempre con una mascarada. Sofística es "falsa actualidad", pero la falsedad es difícil de desenmascarar.

ÉXITO COMO CRITERIO

Si se piensa bien lo que ha dicho Platón sobre los sofistas y cómo los ha descrito, se apercibe entonces que ha visto, ostensiblemente, en ellos lo peligroso en todas las épocas y que lo ha denunciado como tal. Existen algunos puntos en la temática de los sofistas que son tan actuales hoy como en la Atenas del siglo IV. Por ejemplo, después de que Sócrates, acompañado del joven Hipócrates, ha penetrado en la casa de Protágoras, le pregunta aquel a este hombre qué es lo que se puede aprender con él. La respuesta reza: conmigo se aprende la manera de ir con éxito por la vida como hombre privado y como ciudadano, y

---

[9] *Plato's Theory of Man* (Harvard University Press, 1948), 283.

[10] *Vorlesungen über die Philosophie der Weltgeschichte.* Ed. G. LASSON. III (Leipzig, 1923), 643.

esta habilidad es *areté,* virtud (*Protágoras* 318 e). El modelo del hombre se ve, pues, limitado a la sola facultad para el éxito; ser justo es tener éxito. ¿Pero está esta representación sofística del ser justo del hombre muy alejada de la idea del hombre en un mundo en el que se erige a la utilidad en el criterio para cada acción humana y en el que, expresado menos totalitariamente, es la *eficiencia* el valor máximo? Bien entendido, se trata en ambos casos, no de una valoración fáctico-práctica, sino de una programática: Todo lo que sirve al éxito es bueno, todo lo que es un obstáculo malo. Mas, ¿qué es lo que se interpone al éxito? Por ejemplo, la teoría filosófica, es decir, aquel modo de inclinación hacia el mundo que solo persigue una cosa: hallar su referencia para con la realidad; la *teoría* filosófica solo persigue la verdad y ninguna otra cosa. La palabra *teoría* ha sido traducida al latín por Cicerón y Séneca; y la palabra latina se llama *contemplatio.* Basta con pronunciarla para que quede claro cuán actual es la tesis sofística.

LO "MODERNO" EN SÓCRATES: NO INTERESA LA NATURALEZA, SINO EL HOMBRE

Pero no solo la contemplación, la *vita contemplativa,* es un obstáculo, cuando el hombre se ha propuesto como meta, ante todo, según las palabras de Descartes, convertirse en «dueño y señor de la naturaleza»[11]. Obstáculos son igualmente las *conmociones* que pudiesen hacer olvidar al hombre las finalidades prácticas de la vida, la conmoción frente a la muerte, o la conmoción de la

---

[11] *Discurso del método,* cap. 6.

28

experiencia de lo sobrehumano, o también la conmoción por el *eros*. Justamente esto, la evitación de las conmociones existenciales con los medios de una técnica de vivir racional, la exclusión metódica de todo lo que no puede ser "planeado" ni dentro del plan de utilidad social ni en el programa individual de una vida "con éxito", la evitación de las conmociones auténticas unida a una práctica simultánea dosificada de embriagueces y excitaciones artificiales, justamente esto parece pertenecer a la temática y programática de la sofística que permanece inalterable a través de todas las épocas.

Sobre algo parecido trata el discurso de Lisias, del que se muestra tan entusiasmado Fedro y cuyo manuscrito esconde bajo el manto. Es un discurso sobre el amor, sobre *Eros*. Fedro resume su contenido en *una* frase: Lisias afirma que los hermosos deberían conceder sus favores con preferencia a los que no aman que a los amantes. Justo aquí, añade Fedro, yace la fineza de este discurso, la agudeza, el refinamiento.

¿No es esto —dirán algunos— un sinsentido, disparates voluntariamente pensados, imaginados por el placer de impresionar? Decidirlo no es tan sencillo. Pero sea cual fuere su significado concreto. Un desear y gozar *sin amor* es erigido aquí manifiestamente, en norma[12]. El texto del diálogo no ofrece al principio ninguna explicación más. La frase es pronunciada para, así parece, ser totalmente

_____

[12] Si se habla, como lo hacen K. HILDEBRANDT y L. GEORGII, contra el claro principio del texto griego (*erón* es participio de *eráo*, amo), en vez del amante y no-amante del "enamorado" y "no enamorado", entonces se desfigura la seriedad y la verdadera opinión (intención) de la afirmación platónica.

olvidada durante algún tiempo. Fedro está en apariencia exclusivamente impresionado por la elegancia formal de la estructura del pensamiento y de la frase, por el refinamiento de la antítesis y por el enorme arte de la dicción. El "cómo" parece absorber toda su atención y admiración. El "qué", lo dicho por el *contenido,* casi no es tomado en consideración. Algo parecido ocurre a su vez con cada generación joven; se entusiasma por las teorías más destructivas, chocantes e inmorales, y considerándolo más de cerca se descubre que el contenido de estas proclamaciones le es más o menos indiferente. Está fascinada por lo raro, por la elegancia, por lo excesivo de la expresión.

Tampoco Sócrates se interesa en un principio por el contenido del discurso, lo toma con ironía. ¡Si al menos hubiera dicho que los favores deben ser concebidos con preferencia a los pobres que a los ricos, o a los viejos que a los jóvenes, redundaría también en mi favor! Todo esto es pura conversación amistosa, alejada de cualquier discusión seria.

Sin embargo, el escritor Platón no conoce el puro rellenar papel. Mientras los dos, Sócrates y Fedro, se alejan de la ciudad caminando a lo largo del arroyo Ilisos y metiéndose, por último, descalzos, dentro del agua, "ocurre" algo. Los dos se nos muestran más claramente como lo que son y Sócrates nos descubre igualmente un nuevo aspecto. Está de pie ante el poderoso plátano y lo encuentra todo magnífico: el aroma, la ligera brisa, el agua, el césped; habla de ello como si lo viera todo por vez primera. Tú, hombre extraño, dice Fedro, hablas como un extranjero que se dejase conducir por aquí. ¡Parece que nunca sales de los muros de la ciudad! La respuesta de

Sócrates no encierra tan solo una confesión individual, sino que más bien caracteriza toda una época de la historia del espíritu. «Los campos y los árboles —dice Sócrates— no me pueden enseñar nada, pero sí los hombres en la ciudad». Los filósofos que llamamos "presocráticos" habían preguntado por la conexión de la naturaleza, por la estructura del cosmos; pero esta nueva generación, a la que pertenecen los sofistas tanto como Sócrates, no solo da una nueva respuesta (a la antigua pregunta), sino que pregunta de otro modo. No la naturaleza, el cosmos, es el objeto del interés principal, sino el *hombre*.

HISTORIAS MÍTICAS Y "EL" MITO

Fedro hace aun otra pregunta, igualmente de pasada. Los dos llegan a un paraje que recuerda a Fedro la leyenda del rapto de la ninfa Oreitia por Bóreas; y Fedro pregunta entonces si tuvo lugar aquí en el Ilisos; «dime ante todo, por Zeus, ¿crees que es cierto este relato mitológico?». La respuesta de Sócrates es muy general y de difícil interpretación. Si, como los sabios, yo *no* creyese en la verdad de estas historias, no por ello me vería apurado, me pondría a declamar como ellos y declararía que el viento del norte precipitó a la ninfa desde lo alto de una roca y por eso dicen que Bóreas la ha raptado. Esto sería, pues, posible. Pero ¿y los centauros, quimeras, gorgonas, pegasos? Es evidente que no se dejan explicar de la misma manera. Quien desee ocuparse de ello tendrá que disponer de mucho tiempo. Así, dejo a estas cosas seguir su curso; creo en ellas como lo quiere la costumbre. Pero lo que a mí me mueve es la pregunta de quién soy yo mismo: «ni siquiera puedo, como aconseja el precepto de Delfos, conocerme a mí mismo». Sobre esta respuesta ha sido dicho, que en ella se ve lo que Sócrates piensa de los "mitos", que le son indiferentes, lo que le interesa es el autoconocimiento racional del sujeto ético; que respeta las informaciones metarracionales de índole y origen mítico, pero en el fondo no tiene tiempo para dedicarse a ellas. El contexto es, como dicho, un tanto complicado y no puede ser expuesto aquí en todo detalle. Pero lo siguiente es, a mi parecer, decisivo: hay narraciones míticas y hay el mito, hay muchas tradiciones y hay *la* tradición. *El* mito y *la* tradición conciernen al núcleo de la existencia, conciernen a la salud humana. Y siempre que se trata *de estos últimos* en los escritos platónicos —por ejemplo en las narraciones sobre el origen del mundo, del estado original y la caída del hombre, del juicio después de la muerte— confiesa Sócrates clara y decididamente su ilimitada veneración. Entonces no es cuestión de que no tiene tiempo para los mitos; nunca se sacia de interpretar su sentido.

2.
LISIAS

El discurso erótico de Lisias: deseo sin amor

El tema del diálogo, el *eros*, solo ha sido mencionado en una única frase que hace alusión a él y los anticipa. Pero los elementos de la situación en que se desarrollará el diálogo están completamente claros. A ellos pertenece especialmente la atmósfera de posguerra de un desarraigo formalmente pretencioso: respecto a la tradición, traiciona carencia de nivel; «espíritu tiene, quien descubre defectos»[1]. La poca disimulada brutalidad del placer se une a la técnica de vivir científicamente cimentada. Todo esto formulado y hecho agradable mediante la fascinante magia verbal de la sofística. Fascinada, encantada, hipnotizada, está especialmente la capa intelectual joven, que continúa por otra parte inocente y armada contra lo

---

[1] Reinhold Schneider, *Winter in Wien* (Freiburg i. Br., 1958), 153.

verdaderamente destructivo de ella por el hecho de estar su entusiasmo más orientado a lo formal que a la esencia, más al *cómo* que al *qué*. Uno de estos jóvenes, Fedro, también él fascinado y armado, bajo los efectos entusiásticos de un reciente discurso de Lisias sobre *Eros* encuentra a Sócrates, en un grado casi ofensivo, sobrio, al declarado antisofista, al apasionadamente interesado por las mismas preguntas que mantienen en suspenso a esta joven generación. Ello justamente distingue a Sócrates del rígido conservatismo que caracteriza a la oposición contra la sofística: es tan "moderno" como los sofistas, acepta totalmente sus preguntas, comparte su exclusivo interés por el hombre. En lo que se diferencia no es en las preguntas, sino en las respuestas. A este Sócrates ha conducido Fedro fuera de la ciudad. Los dos se han detenido en el arroyo Ilisos bajo un plátano. «Ya puedes leer» —dice Sócrates—. A lo que Fedro, sacando el manuscrito, responde: «Escucha, pues», y lee el discurso de Lisias.

Placer y charla, lo sospechoso de la pasión

En el caso de una interpretación fundamentalmente *histórica*, tendríamos que volver a detenernos en este punto: ¿Un discurso de Lisias? ¿Hay que esperar realmente de Platón que cite literalmente a un autor extraño a lo largo de páginas enteras? Algunos intérpretes de Platón, por ejemplo Wilamowitz, Friedländer, Hildebrandt, contestan que sí. Y los argumentos son dignos de consideración. *En primer lugar,* el discurso responde exactamente al estilo que de él se conoce; *segundo:* «es *imposible* que él (Platón) le impute arbitrariamente al famoso orador (Lisias) un discurso, para despedazarlo luego...»[2]; *en tercer lugar,* es justamente este componente extraño, que actúa «como el fermento en la levadura»[3], un medio estilístico de alto rango. Otros expositores como Hackforth y Weinstock, dicen que Platón es, naturalmente, capaz de imaginar un discurso en el mismo estilo de Lisias; es justamente una costumbre suya, como lo demuestran en el *Banquete* los discursos de Aristófanes y Agatón. A cada orador le es adjudicada su dicción propia e inconfundible, y a nadie se le ha ocurrido la absurda idea de que solo un tercio del *Banquete* sea a lo más, la obra de Platón. Además, dice Hackforth[4], a Platón no le interesa tanto el individuo Lisias, como la «tendencia general» («Lisias o cualquier otro», reza varias veces el texto del Fedro). Solo menciono esta controversia para abandonarla de nuevo. No solo no existe ninguna posibilidad de decidirla con un argumento decisivo, sino que lo único que nos interesa aquí es la evidente opinión de Platón de que un tal discurso sea, en su forma y en su esencia, *posible,* cuando no *característico,* en la boca de un hombre al que un intelectual tan dotado como Fedro tiene por el escritor más significativo de su tiempo. Mas, ¿sobre qué versa el discurso? Al principio de su conversación con Sócrates ha dado Fedro un breve resumen del contenido: «Un discurso de amor en el que un bello adolescente

---

[2] K. HILDEBRANDT, *Platons Phaidros,* 37.

[3] P. FRIEDLÄNDER, *Platon,* III (Berlin, 1960), 203. Friedländer cita además a J. VAHLEN *(Über die Rede des Lysias in Platons Phaidros.* Sitzungsberichte der Berliner Akademie, 1903).

[4] R. HACKFORTH, *Plato's Phaedrus. Translated with Introduction and Commentary* (Cambridge, 1952), 17.

es solicitado, pero no por un amante. Justamente en ello radica la fineza: Lisias afirma que los favores deberían ser con preferencia concedidos a los que no aman». Kurt Hildebrandt dice: «Este discurso es profundamente equívoco, y ofrece del hecho argumentos para ser interpretado como claramente *vulgar,* pero por otra parte no puede ser así, pues deformaría el sentido del diálogo»[5]. El contexto es verdaderamente muy complicado. Sin embargo, antes de que empecemos a interpretar el *contenido* del discurso merece la pena echar una ojeada a la estructura formal. Lisias es, como anteriormente se dijo, un escritor de discursos, compone discursos que son leídos por otros; pertenece por tanto a su oficio penetrar en el pensamiento de otros y hacerlos hablar. Este otro es en nuestro caso alguien que solicita los favores de un hermoso joven; el discurso es un discurso de *solicitud.* Pero también es "literatura"; es un *simulacro* de discurso galante. Por lo demás es "fragmento"; empieza después de haber sido dicho lo verdaderamente importante. Lo que en un caso de solicitud real formaría el centro del discurso, es presupuesto aquí; es pasado por alto, si bien de un modo que no deja lugar a malentendidos: «Tú ya conoces mis intenciones y como sabes, pienso que es conveniente para los dos el que puedan realizarse». Con estas palabras que tienen el carácter de una frase final *empieza* el discurso. Lo artístico-literario, la refinada elegancia estilística se asocia a algo muy distinto; la aparentemente noble discreción sirve para ocultar algo incuestionablemente brutal. Friedländer habla de

---

[5] *Platons Phaidros,* 38.

la combinación de placer y charlatanería[6]. Aquí habla uno que desea, que reconoce *no amar;* y su discurso sirve para ocultar y hacer olvidar el desnudo instinto que solo desea placer, *physical desire and nothing else*[7], y para justificar la falta de amor verdadero y la *no- participación* de la persona. Lo verdaderamente malo, lo inhumano de esta actitud, no yace en el afán de contento sensual, sino en la separación consciente y programática de lo sensual y lo espiritual, del sexo y el *eros*.

LA INCAPACIDAD PARA CONMOVERSE FALSEADA COMO "SENSATEZ"

Esta separación es —si se considera el contenido— el verdadero tema del discurso que Fedro lee a Sócrates: «Estimo que no debiera serme denegado lo que solicito por el hecho accidental de no amarte». Son tres cosas las que se combinan por el medio de un lenguaje convertido en arte. *Lo primero es* la fijación oculta y discretamente disimulada de la meta, comprendida al mismo tiempo como perfectamente natural y perseguida por todos los medios: satisfacción de los instintos en el más drástico sentido de la palabra; *utility in the most sordid sense of the word;* «utilizar y utilización en el más sórdido significado de la palabra»[8]. *Lo segundo* es un acentuado y explícito rechazo y desvirtuación de la conmoción erótica, la *passio amoris. Passio* no significa todavía "pasión" en el sentido

---

[6] *Platon* III, 203.
[7] HACKFORTH, 27.
[8] A. E. TAYLOR (citado en Hackforth, 31).

de violencia excesiva; *passio* significa originariamente que me sucede algo en tanto sujeto paciente; que estoy arrebatado por algo. Cierto, *yo* soy arrebatado; lo que sucede no es un "incentivo" aislado, sino que yo mismo estoy afectado en mi ser corporal-espiritual. Pero este paso del amor es explícitamente indeseado. *Tercero,* la objetividad casi técnica de la satisfacción de los instintos (se "toma" una mujer como se apaga la sed, como se bebe un vaso de agua) es declarada algo éticamente valioso, es prudencia, razón, "virtud". La palabra *areté* es utilizada por Lisias como oponente de "amor" («no como amante, sino por la virtud…»). Frente a ella aparece la conmoción erótica como algo contrario al orden, como locura y sinrazón, como enfermedad. Con indignación moral se dice, que basta observar a los amantes: ellos mismos saben y dicen que están enfermos. Hasta en el *Cantar de los Cantares* bíblico (2, 5; 5, 8) en uno de los pocos lugares en el que aparece la palabra *amor* en la traducción vulgata latina se llama: *amore langueo,* «estoy enfermo de amor». Esta exaltación es, pues, rechazada y desvirtuada por la técnica de vivir sofística, y ello *no* por seguir un modelo de continencia ascética y represión moral de la voluntad, sino a causa de una "desilusión", que no es de hecho otra cosa que falta de capacidad de entrega, miedo egocéntrico por el placer, mezquindad y empobrecimiento espiritual. El discurso de Lisias intenta justificar como algo lleno de sentido y deseable, con un enorme gasto no solo de palabras y de habilidad retóricas, sino también de argumentos, este deseo sin amor, esta voluntad de placer sin capacidad de conmoverse. Hay que ver esto con toda claridad para poder comprender a su vez la imagen opuesta conjurada por

Platón. Es la imagen de un alma que se entrega totalmente a la conmoción de la belleza sensible renunciando al mismo tiempo al placer. Se está tentado de decir que es la misma representación que se encuentra en la poesía de Claudel. Pero esto es ya una anticipación.

LA RECTITUD TRIVIAL

Hay que volver otra vez al discurso que lee Fedro a Sócrates bajo el plátano del Ilisos al mediodía. Los mencionados momentos (la finalidad no expresada, pero orientada inequívocamente al placer sensual, la desvalorización de la *passio,* el disimulamiento de la incapacidad de conmoción y entrega en "prudencia", "cordura", "virtud") son los que forman el contenido del discurso. Pero el orador es demasiado "culto" para no decir involuntariamente, en la exposición de este pensamiento fundamental, una serie de pensamientos verdaderos y justos o, al menos, dignos de consideración y reflexión. Esto mismo es, sin embargo, lo que hace la argumentación tanto más equívoca. El orador tiene, por ejemplo, razón cuando dice que el exceso inmanente a toda conmoción pasional incapacita para la resolución práctica de las necesidades vitales. Los sucesos incalculables que penetran conmoviendo, moviendo, transformando en el alma del hombre, se dejan ordenar difícilmente en el sistema de coordinación de un modo de vida racional, al que, por otra parte, está obligado el hombre a causa de su naturaleza. Aquí se oculta un eterno problema, tanto de la doctrina teórico-ética de la vida como de la praxis misma. La representación estoica de una vida sin pasión irradia siempre de nuevo su plausibilidad natural, y conduce no obstante necesariamente a un espasmo, quizá respetable, en el fondo, empero, innatural. La capacidad de conmoverse y exaltarse forma parte de la naturaleza corporal-espiritual del hombre. Las *pasiones animae* no pueden ser sofocadas sin caer en lo inhumano, bien en lo inhumano de un rígido racionalismo o en el de una brutal animalidad, ambos tienen en común ser "arromántico", "objetivo" e "inconmovible". El hombre real es, sin embargo, un ser *conmovible* por naturaleza. El apasionamiento le hace más humano. Una buena acción hecha con apasionamiento es mejor, y es igualmente válido que una mala acción hecha con apasionamiento es peor[9].

Naturalmente que también tiene su justificación trivial cuando se dice en el discurso de Lisias que solo el amante conoce los celos, mientras el que no ama está libre de esta locura. ¿Cómo pudieran darse los celos en el "terreno del amor" comercial?

Mucho más digno de mención es, sin embargo, lo siguiente: ¿no amamos a nuestros hijos, nuestros padres, nuestras madres y, sin embargo, no hay pasión ni sacudida erótica, ni exaltación? Se trata de cosas difíciles de plasmar con la palabra; solamente podemos aludir a ellas abandonando el intento de un esclarecimiento más profundo. Ante todo hay que reflexionar sobre el extraño hecho de que el lenguaje no llame *amantes,* sencillamente y sin otro calificativo, ni a los hijos que aman los unos a los otros ni a los unidos por los lazos de la amistad. Y los místicos caen igualmente en el amor erótico que se desprende de la belleza corporal, cuando buscan analogías

---

[9] Cf. Tomás de Aquino, *Ver.* 26, 7 ad 1.

para el amor divino; hay que leer cómo argumenta Francisco de Sales el que no llamase su famoso libro *Traité de la dilection de Dieu,* sino *Traité de l'amour de Dieu*[10].

Son, pues, muchos argumentos sensatos y difíciles con los que Lisias, o quien se esconde tras su nombre, ciñe el realmente débil armazón de su verdadera tesis.

LO FASCINANTE DE LA MAESTRÍA FORMAL

Fedro se ha vuelto a entusiasmar con la lectura: «¿No es maravilloso?». Kurt Hildebrandt pregunta cómo puede leer algo así, «sin repugnancia», el «noble Fedro», y cree poder deducir de este inocente entusiasmo que el diálogo, si bien se puede esperar de Lisias la «fría infamia del goce sin amor», no puede ser tan brutal como lo sugiere el contexto[11]. Ciertamente, nada de todo esto coincide con la figura del joven Fedro. Su propio discurso sobre *Eros,* con el que comienza el *Banquete* no puede ser comparado con el de Lisias. En el *Banquete* habla un Fedro entusiasta, tocado por el poder del *eros,* que sin embargo nada dice sobre la satisfacción del deseo y, ni siquiera, sobre la felicidad del sentimiento. Muy al contrario, se habla de la máxima pretensión humana de la *ultimum potentiae,* que solo uno, *el amante,* se avergüenza de no alcanzar. Únicamente el *Eros* capacita para el sacrificio por otro, para la aceptación heroica de la muerte. Nobles sentimientos, amor al honor, valor, como las virtudes que distinguen al amante: así es el estilo y el tono del discurso de Fedro

---

[10] Libro I, cap. 14.
[11] *Platons Phaidros, 38.*

en el *Banquete*. Y este mismo Fedro encuentra grandioso el discurso de Lisias, un discurso que versa igualmente sobre el tema *eros*. Hay que leer, sin embargo, la frase hasta el final: «especialmente la selección de las palabras es incomparable», ¡el *cómo* de la dicción, el dominio del lenguaje! El entusiasmo se enciende, pues, inicialmente en lo puramente formal. El contenido parece no interesar, lo que tampoco quiere decir que la tesis deje por eso de producir efectos, aunque, quizá, calladamente. Se da aquí algo altamente típico. Lo fascinante en Sartre, Brecht, Ionesco es el *cómo*. Contenido y esencia no solo no son indiferentes, sino que quien habla de ellos se ha descubierto ya como un hombre trivial. ¿Es esto cierto o falso, bueno o malo, edificante o destructivo, engañoso, seductor? Así, solo pregunta quien nada comprende de la alta literatura. Platón mismo tendría que ser incluido entre estos hombres triviales, pues destierra de su República a su querido y admirado Homero por haber dicho algo irreverente sobre los dioses.

Presencia enigmática de la tradición sagrada

Pero Fedro no se siente inclinado a un entusiasmo solitario; busca su confirmación y refuerzo a través de otro "coribanto": «¿Qué te parece este discurso, Sócrates?». Y Sócrates se muestra complaciente: «*daimonios*» —demoníacamente hermoso, extravagante, maravilloso— «de modo que estoy fuera de mí». Sin embargo, siempre que Sócrates habla así hay que ir con el mayor cuidado. Quien conozca alguno de los diálogos platónicos, sabe con qué complicada maestría ama Sócrates hacer el papel del encantado, del igualmente embrujado por la magia verbal de la sofística. Su discurso de defensa empieza asimismo con esta concesión: dos acusadores han hablado tan brillantemente que por poco me había olvidado de mí mismo. Las palabras más duras se encuentran en el diálogo *Menexeno* en el que habla Sócrates de los discursos que son uso en los festejos a los caídos por la patria y en los que no solamente se dice todo lo bueno imaginable sobre los muertos, sino que también son alabados y glorificados desmedidamente los vivos, cuando son atenienses. «Siempre tengo la sensación de ser noble, estoy, todo éxtasis, entre ellos y siento, de pronto, ser más grande, más bello y más distinguido. Esta distinción dura unos tres días; hasta que, finalmente, el cuarto o quinto día me vuelvo a acordar de mí mismo y sé en qué lugar estoy de la tierra. Antes, había llegado a creer que vivía en las islas de los bienaventurados: tales maestros son nuestros oradores» (235).

Por tanto, no habrá que tomar demasiado en serio el que Sócrates diga que está fuera de sí. Inmediatamente sigue además una limitación sospechosa que le ha extasiado, sobre todo el observar al entusiasmado Fedro. Estabas radiante mientras leías «y te he seguido, y he caído contigo, cabeza divina, en sueños báquicos». Fedro pierde seguridad ante este antisocrático festivo discurso: «¡No sigas! ¡ya vuelves a tus burlas!». Fedro no quiere salir de su estado de ánimo: «Dime, por el dios de la amistad, ¿crees tú que hay en toda Grecia *otro* hombre que pueda decir algo más significativo sobre este tema?». A lo que responde Sócrates preguntando: «¿Qué entiendes tú por significativo? ¿Te refieres al fondo o a la forma? ¿Te refieres a lo que se puede enjuiciar según el criterio de "verdadero o falso", o te refieres al cómo?». Parece como si Sócrates quisiera aplazar por el momento la parte seria de la discusión objetivo, e intentase, por tanto, continuar con lo más indiferente y lo menos serio para él, es decir, con lo puramente formal; él no se ha fijado en el fondo, y además no es un entendido en la materia; lo único que le ha interesado ha sido la oratoria, y esta es mala. Tres veces se repite lo mismo, poca imaginación; pero quizá ha sido justamente esto lo que ha querido demostrar Lisias que puede expresar la misma cosa de dos modos distintos y siempre de excelente modo.

Mas Fedro no se contenta tan pronto. Encuentra la producción de su héroe sencillamente insuperable, no solamente formal, sino también en cuanto al fondo: nada falta y nadie puede decir algo mejor.

De un golpe, aunque por corto tiempo, es restaurada la situación seria del diálogo. Sócrates dice con gran decisión: «No. ¡Si te diera la razón en esto se volverían contra mí los sabios de ambos sexos de los tiempos arcaicos, los antiguos, los *palaioi*; ellos han hablado de otro modo sobre el *eros*!». Y ahora, pese al tono de coloquio amistoso y ligero —quizá se pueda decir, pese a la tedia superficialidad de la charla—, sigue una declaración fundamentalmente importante sobre los "antiguos" y sobre la propia referencia para con ellos. Fedro quiere saber a quién se hace alusión: ¿Quiénes son los "antiguos"? ¿Quién ha dicho algo mejor que Lisias? La respuesta es acentuadamente imprecisa. «Así, de pronto, no podría decírtelo, pero no te quepa duda que he oído discurrir mejor, probablemente a la bella Safo, o al sabio Anacreonte o a cualquier otro de los prosadores. En cualquier caso sabía decir algo distinto y ciertamente nada peor sobre el tema. Pero como sé que no procede de mí, tengo, pues, que haber sido llenado por haberlo oído de medios exteriores como un recipiente de manantiales extraños. Pero por desidia he vuelto a olvidar el cómo y el dónde».

Todo esto hay que representárselo, repito, como dicho por un Sócrates tendido bajo los plátanos durante el calor del mediodía, con una extremadamente superficial *nonchalance*, casi en broma, intercalando una pomposa cita poética («siento cómo se me ensancha el pecho»; todo ello no es sino puro buen humor, como cuando cualquiera de nosotros recita, por petulancia, a "Guillermo Tell"). No obstante, si yo tuviese que mencionar un texto antiguo, que diese fe de la presencia misteriosa, pero perpetua, de la grande y sagrada tradición en el espíritu de los mejores entre los genios precristianos, elegiría probablemente este párrafo: se ha manifestado desde los antiguos; resuena a través de los poetas; de oídas, es decir, no por propia experiencia, sino de manantiales extraños, ha sido llenado el recipiente; pero el cómo y el de dónde ha sido olvidado.

3.
EL SÓCRATES PLATÓNICO

La ironía como dificultad para la interpretación

La ironía hace difícil el diálogo entre los hombres. Cuando se trata con alguien que goza hablando entre comillas irónicas, haciéndose el ingenuo mientras desarrolla un argumento complicado, simulando entusiasmo mientras hace crítica mortal, hay que estar endemoniadamente al tanto, hay que mantener los ojos bien abiertos para que no pase desapercibido ningún signo delator en el juego mímico o en el tono. Justamente esto hace al caso para nuestro encuentro con el Sócrates platónico. Hay que mirarle profundamente a la cara: ¿lo piensa seriamente o juega con Fedro, y, claro está, también con nosotros? Ese superlativo aplauso al discurso de Lisias, corregido acto seguido, y de nuevo irónicamente, es fácil de entrever. Sin embargo, el diálogo entre Sócrates y Fedro se desarrolla de tal modo que Sócrates contesta al discurso de Lisias con un discurso propio; había ya afirmado que se atrevía a hacer algo totalmente distinto y ciertamente nada peor. Y Fedro le ha tomado en seguida la palabra: «Bien, yo adjudico un premio, una efigie tuya de oro en el templo de Delfos, si lo llevas a cabo y sostienes un discurso sobre el mismo tema, ni más corto, ni peor y sobre todo totalmente distinto; ningún pensamiento debe ser repetido». Sócrates quiere escaparse otra vez. No es eso naturalmente lo que él ha querido decir; es imposible encontrar algo nuevo para cada detalle; hasta el peor escritor no puede únicamente decir cosas falsas. Fedro se declara de acuerdo: el pensamiento de fondo (que el amor es una enfermedad) puede ser admitido, pero todo lo demás tiene que ser nuevo y original. Sócrates simula de nuevo timidez, nerviosismo. Pero, ¿no sería ridículo?, ¡oh venturosísimo Fedro!, rivalizando, con un discurso improvisado, con un orador de profesión... Pero Fedro no toma estos remilgos en serio; el asunto no tiene en sí ninguna seriedad; se trata de un juego, de una actuación deportiva retórica. ¡Cada ateniense sabe cuáles son las reglas! De manera parecida —pienso yo— malentiende Fedro lo que de verdad está sucediendo.

Por lo demás, el intermedio es de una chispeante viveza; un juego de palabras corta el otro. Se podría hablar del estilo de las comedias shakesperianas si no hubiese que suponer que Shakespeare se ha formado en la escuela de los diálogos platónicos. Por ejemplo, cuando Fedro dice que quiere hacer donación de una estatua de oro, replica Sócrates, acto seguido, *«tú sí que vales tu peso en oro»*, lo que quiere decir: tú sí que hablas como alguien que hubiese quedado sobrante del siglo de oro, «¡fabulosamente simple!»[1]. Hay que recordar siempre tales detalles, como los ha descubierto la Filología, para poder apreciar la multiplicidad de significados que para un lector coetáneo de Platón encerraba el estilo platónico. Fedro amenaza por último al reacio Sócrates con la violencia: «Estamos solos aquí, en la soledad, y yo soy el más fuerte y joven, ¿no quieres hablar voluntariamente?», y entonces sigue un argumento todavía más convincente: —«Conozco una palabra con la que te puedo forzar». —«¡Por el amor del cielo, no la pronuncies!». —«Al contrario, la voy a decir; y esta palabra será un juramento. Te juro, pues, ¿por quién debo jurar, por qué deidad, o quieres que jure por este plátano? Escucha, pues: Si no pronuncias el discurso delante de este plátano, jamás volveré a mostrarte o a recitarte otro discurso, sea de quien fuere». —«Desgraciado de mí, tú malvado». Todo esto es mera comedia, y lo teatral alcanza, así parece en un principio, su punto máximo cuando Sócrates se cubre la cara «para que la vergüenza no me turbe cuando te mire». Sócrates interpretará, sin embargo, más tarde este gesto como signo de una vergüenza y timidez religiosas a causa de las blasfemias que va a decir. Para Sócrates es el fondo —verdadero o falso— lo serio y decisivo de su discurso; Fedro espera, al comentario, poder escuchar algo que supere la técnica formal de Lisias, un malentendido que Sócrates refuerza y mantiene vivo.

---

[1] Cf. HACKFORTH, 34.

Sócrates empieza, pues, su discurso; es igualmente un discurso de solicitud, como había sido convenido. Pero ya al principio se apercibe una diferencia frente al discurso de Lisias, una diferencia que se da también en lo formal. En Lisias, la verdadera intención del discursante queda en la oscuridad. Sócrates empieza caracterizándolo expresamente: «Érase un niño, mejor dicho, un joven adolescente de gran hermosura. Un joven que tenía muchos amantes. Pero uno de ellos era astuto, un impostor que sabía ganar por la lisonja. Este había persuadido al joven de que no estaba enamorado de él. Un día se propuso convencerle de que era preferible conceder los favores amorosos a aquel que no ama antes que al amante». Y entonces sigue el discurso de solicitud. Está claro que aquí no habla Sócrates, sino alguien que quiere engañar, un impostor que miente por la utilidad de mentir. Este impostor habla, sin embargo, abiertamente y mucho más conscientemente que el discursante de Lisias. «Los dos desean, el amante tanto como el que no ama, ¿en qué se diferencian, pues?». Lisias *no* quiere hablar tan claro, mientras que Sócrates desea poner al descubierto, con esta evidencia, lo absurdo, lo inhumano del discípulo anterior. Sócrates exagera. Enamoramiento, amor, conmoción erótica..., todo esto no es otra cosa que desnudo deseo unido a imprudencia e inutilidad. ¡Solo el que no ama puede ser prudente y razonable! ¡Solo él puede obrar rectamente!

Karl Joel ha hecho la observación de que probablemente pueda, o deba, ser comprendido este párrafo como una alusión parodística a la teoría de los cínicos, como la anunció, apoyándose en Sócrates y Antístenes, otro compañero de Platón[2]. Con ello el discurso, y especialmente su retractación, cobrarían una insospechada actualidad. Antístenes es una figura asombrosamente moderna; se le podría llamar la primera encarnación del "obrero"[3]. Por primera vez se formula una imagen del hombre, acuñada en la supervaloración de lo difícil y lo penoso; en la falta de sentido para las artes, en la deficiente fuerza repercutiva para el *eros*, pues conmoción pasa por debilidad. De hecho, aparece aquí anticipado el inhumanismo del moderno mundo de funcionarios, en el que hay mucho ruido heroico, pero ninguna música, solo disciplina, pero ningún libre impulso, solo actitud varonil, pero ningún gesto espontáneo, y donde consecuentemente solo existe la brutalidad desnuda del sexo separado del *eros*. Es posible que el Sócrates platónico pensase en estas cosas. Pero es casi imposible demostrarlo; para ello es él todo demasiada parodia.

El tono de este discurso hay que imaginárselo de forma que la pedantería vaya unida a un sonoro patetismo. El principio, marcadamente doctoral, con su amplio, ufano conceptualismo. El patetismo es puesto de relieve por el mismo Sócrates; después de haber dicho con palabras grandiosas que el amor no es otra cosa que deseo victorioso dominando sobre la razón, se interrumpe en medio de la frase y mirando, probablemente, a través de su manto: «Pero, querido Fedro, no creas como yo que algo divino

[2] *Platons sokratische Periode und der "Phaidros".* Philosophische Abhandlungen für Max Heinze (1906), 787. Cf. DIESENDRUCK, 13.
[33] Cf. J. PIEPER, *Müsse und Kult* (München, 1961), 32 s.

me mueve hoy». A lo que Fedro, que no apercibe nada de la aguda ironía, responde: «Cierto, cierto, el discurso fluye de ti de forma poderosa». «¡Pues sigue escuchándome en silencio! Este lugar parece ser verdaderamente divino; no te sorprendas si empiezo a hablar en seguida como alguien encantado por las ninfas; porque estoy resonando de ditirambos». «Verdaderamente», dice Fedro. «Tú tienes, pues, la culpa», sigue escuchando.

Quien no aperciba aquí la actitud teatral no la apercibirá nunca[4]. Al final se manifiesta aún más directamente. Sócrates está cansado de hacer comedia. Acaba injuriando a los amantes a la manera de Lisias, o quizá del cínico Antístenes: «Amor no es amor, sino hambre, glotonería animal; los lobos "aman" al cordero", y entonces cesa de manera imprevista. Ahí lo tienes, Fedro. No me oirás proferir ni una palabra más». Fedro alega que todavía falta la mitad, el que no ama tiene todavía que ser alabado. «¿Por qué te detienes ahí ya?», a lo que Sócrates, volviendo al pomposo patetismo de su discurso: «¿No has observado, hombre ventroso, que ya no era en ditirambos en lo que hablaba? ¡Era poesía, canto! Y eso que no se trataba sino de censurar. Si hubiera empezado a alabar adonde me hubiera conducido entonces; ¡habría perdido la razón!».

---

[4] Así me parece que H. GAUSS sencillamente se equivoca en lo decisivo, cuando él entiende el primer discurso de Sócrates como haber puesto la mira en «poner primero en orden lógico el orden de ideas de Lisias». *Philosophischer Handkommentar zu den Dialogen Platos*. (Bern, 1958), 243.

Desenmascaramiento a partir de las implicaciones verbales

¿Qué significa, en su conjunto, el *contenido* de este discurso de Sócrates? Friedländer da una respuesta, a mi parecer, excelente y absolutamente acertada. No se trata únicamente —dice— de una nueva redacción y perfeccionamiento formal del discurso de Lisias, sino al mismo tiempo de poner de relieve la imagen del hombre que yacía oscura, pero tanto más peligrosa, en aquel producto sofístico. Antes de que no sea visible en su aspecto peligroso, no puede ser combatida por Sócrates. El orador muestra ahora, a través de cada palabra, en qué bajo sentido toma el amor. Una actitud vital, la determinada por el mal *eros*, no es combatida aquí, sino conducida a su manifestación. Este es el fondo objetivo de este primer discurso de Sócrates[5]. Lo que para él es: desenmascaramiento, sirviéndose de las implicaciones verbales.

El símbolo demoníaco

Sócrates ha cortado abruptamente su discurso. Fedro le oye decir con alguna brusquedad que ya se ha hablado bastante: «Regreso a casa por el arroyo antes de que me obligues a algo peor». «¡Pero, no ahora, en el calor del mediodía!» —dice Fedro horrorizado—. Sócrates se aviene a este argumento. Cierto que, repentinamente serio, nombra una causa totalmente distinta: «Cuando ya me disponía a regresar por el arroyo me ha sucedido, carísimo,

---

[5] *Platon* III, 207.

lo que me sucede a menudo. He sentido esa señal demoníaca que me suele detener siempre que quiero emprender algo». Se ha escrito mucho sobre este *daimonion* socrático. Si se tiene en cuenta lo que Sócrates ha dicho sobre este punto, sobre todo en su discurso de defensa antes de morir: «A menudo me habéis oído hablar de ello, atenienses. Siempre que estoy a punto de errar de camino me avisa esta voz demoníaca, a veces me hace callar en medio de una frase, y hoy, aunque iba al juicio, a oír la sentencia de muerte, hoy ha callado, porque he emprendido algo venturoso» (40 a, 6). Cuando se tienen en cuenta tales manifestaciones no se puede aprobar lo que dicen algunos intérpretes, o sea, que se trata sencillamente de la *conciencia*. Antes bien, habrá que hablar de uno de los fenómenos pertenecientes al ámbito de la videncia[6], por poco que esto lo aclare. Este signo vidente se anuncia también ahora: «Me ha parecido oír una voz que me prohibía partir antes de haberme sometido a una expiación, cual si hubiese cometido un sacrilegio contra la divinidad... Y ahora reconozco claramente mi falta». Sócrates emplea aquí conceptos que pertenecen inequívocamente a la esfera de lo religioso: el signo demoníaco, sacrilegio contra la deidad; expiación; el alma, un ser viviente al que no puede quedar oculto las propias faltas; él mismo, Sócrates, necesita expiar, y ve claramente su *hamártema*, que significa sencillamente "pecado". «¿Qué estás diciendo?», pregunta Fedro, y Sócrates responde: «¡Terribles, malos, horribles son estos discursos, tanto los que tú has traído como los que me has obligado a pronunciar!». «¿Cómo

---

[6] Cf. R. Guardini, *Der Tod des Sokrates* (Godesberg, 1947), 83.

es posible?». «¡Son estúpidos, necios y, a veces, blasfemos! ¿Puede darse algo peor?».

EL IMPACTO DE LA PALABRA SIN COMPROMISO

Al fin habla Sócrates por sí mismo. El auténtico *pathos* estalla y con un gesto airado son sacudidas las sutilezas de una técnica de vida miedosa y preocupada por el placer. Ironía, carcajadas y, por último, el rayo de la palabra despiadada han limpiado la atmósfera; han abierto el camino para lo que Platón considera como exclusivamente digno de mención y que será ahora desarrollado: una interpretación del *eros* y de la conmoción erótica a partir de la totalidad de la existencia, a cuya totalidad pertenece esencialmente esto: no estar limitado a las debilidades humanas.

4.
LA MAYÉUTICA

EL GIRO DE KIERKEGAARD: LA ENTREGA A LO ESTÉTICO DESEMBOCA EN LA VERDAD RELIGIOSA

Si llegados a este punto del diálogo, un poco admirados del incansable acento irónico y cansadas de la oscuridad de comprensión de la comedia, así como de la sistemática puesta en duda de lo anteriormente expuesto, si nos preguntamos qué explicación tiene el contenido del discurso que ha podido ser constatado hasta aquí y si en realidad se ha "avanzado" algo, se podría contestar lo siguiente: La voz de la inteligencia ilustrada y vanguardista se ha exteriorizado sobre el tema *eros* en el discurso de Lisias. Y lo ha hecho con una dicción formalmente perfecta, elegante y a la moda, determinada por la búsqueda de una técnica de vida racional que trata de reunir una alta dosis de placer con un mínimo de complicación; dicho claramente: el deseo desnudo, dirigido, en el más drástico sentido de la palabra, hacia el placer, oculta su verdadera naturaleza y se enmascara en "objetividad", "sensatez" e "integridad"; y, al contrario, la conmoción natural compañera del *eros* aparece como falso romanticismo, como exageración, como obstáculo de la existencia sensatamente moderada, como éticamente dudosa, en el fondo, como inmoral. Tales "teorías" dominaban, sin duda, la discusión pública entre la joven generación ateniense coetánea de Platón; tales discusiones gozaban naturalmente de *Publicity*, mientras que, frente a ellas, la doctrina socrático-platónica tuvo que ser desesperadamente "esotérica", reducida a un pequeño círculo sin gran influencia. En la misma posición de Lisias sobre el tema *eros* trasciende el sentimiento de superioridad de un modernismo, seguro de sí mismo, que sabe encontrará resonancia y aplauso inmediatos entre los "interesados intelectualmente". Grandioso, este discurso del más grande escritor de la época, dice Fedro, justo un representante de esta joven generación "intelectualmente interesada", que se comprende a sí misma como vanguardia. Y Sócrates, de un parecer tan distinto, que ni siquiera acepta el aspecto de las preguntas; resignándose irónicamente ante la desarmante naturalidad con la que defiende Fedro todas estas teorías destructivas, imposibles e inhumanas, Sócrates intenta demostrar lo absurdo de tales doctrinas, tomándolas literalmente hasta en su última implicación verbal. Lo intenta, pero el ensayo fracasa. Fedro no se apercibe de nada; el absurdo discurso de Sócrates le parece tan grandioso, al menos "interesante", "digno de consideración". En todo caso a él, al fascinado por todo lo que posea calidad literaria, le parece una obra digna de competir con la anterior. Hasta que finalmente Sócrates pierde la paciencia.

Mas ahora habla por fin por cuenta propia: despiadado, agudo, sin consideración para con los intereses de la moda. Lo que ahora ocurre será formulado dos milenios más tarde por Soren Kierkegaard, con alusión expresa a Sócrates, como principio de su existencia de escritor: un *inducir-introducir por el engaño en la verdad*[1]. En ello ve Kierkegaard la "mayéutica", "el servicio de comadrona" del arte literario; el verdadero escritor, dice, debe empezar con una obra estética. Esto son las arras. Cuanto más brillante sea la obra tanto mejor para él. «Pero luego, cuando los haya inducido a ir con él, tendrá que sacar lo religioso a la luz del día de modo que los mismos hombres con el impulso de la entrega a lo estético encallen, seguramente, en lo religioso»[2]. Nos encontramos justamente en el punto en el que Sócrates realiza esta (por decirlo así) fórmula kierkegaardiana; utiliza la admiración de Fedro para conducirle a la verdad religiosa sobre el *eros*. El tono de la dicción es nuevo. La mascarada cesa, un patetismo desacostumbrado aparece en su lugar.

LA FUERZA DE LA RETRACTACIÓN Y EL ARREPENTIMIENTO

El anunciado segundo discurso sobre el *eros* se encuentra bajo un signo inequívocamente religioso. Todo lo dicho hasta aquí es quitado de en medio no solo como necio y estúpido, sino, expresamente, como sacrilegio, como blasfemia para alcanzar fama entre los hombres, como si tuviese

---

[1] *Die Schriften über sich selbst* (Düsseldorf, Köln 1951), 6.
[2] *Ibid.*, 37 s.

alguna importancia engañar a un par de gentes para ganar su aplauso. Pero lo que será dicho ahora, será más, y será otra cosa que corrección y hasta retractación; será *expiación*, tengo necesidad de "purificarme". Estas son cosas totalmente nuevas. Wilamowitz llama a este discurso de Sócrates sobre el eros, que según él empieza ya en el coloquio, un «cuerpo extraño»[3] también estilísticamente. Pero cuando Wilamowitz prosigue que es el ambiente de la naturaleza el que ha entusiasmado a Sócrates «hasta el delirio divino», oculta lo decisivo en él; sin embargo, aun en el caso de apoyarse en las múltiples alusiones de Sócrates sobre las deidades del lugar, la fuente, sobre el umbroso sitio bajo el plátano: se malentiende el verdadero sentido de tales palabras cuando se las traduce por modismos como si se tratase de un puro discursar culto, como cuando hablamos hoy día de "ninfas" o "musas" que sí son, de hecho, conceptos simulados sin realidad que los soporte.

Los conceptos "sacrilegio" y "pecado" aluden, sin embargo, claramente, a la deidad como elemento conceptual imprescindible. De una manera estricta no existe el caer en pecado contra los hombres; lo verdaderamente opuesto al "sacrilegio" es Dios, esto lo saben tan bien Sócrates y Platón como el autor del salmo Miserere (Salmo 50, 6). La causa por la cual habla aquí Sócrates de sacrilegio, pecado e impiedad es mencionada expresamente acto seguido: «Eros es una deidad o algo divino».

Sin embargo, los conceptos "expiación", "reparación", "purificación", sobre los que todavía se hablará,

---

[3] *Platon,* 362.

no apuntan únicamente a algo religioso, sino, en sentido estricto, al culto: el liberarse de aquellas, impurezas que excluyen del *culto*. El proceso de la "expiación" fue concebido por los griegos inicialmente como un rito del culto, algo así como un lavarse en agua corriente o en el mar: «El mar arrastra toda la maldad del hombre»[4]. Por otra parte, esta expiación ritual no está separada de la propiamente ética, de los sentimientos, de la voluntad y conversión. Sócrates habla de "retractación" como una vieja forma de expiación y purificación. Homero, sin embargo, no la ha conocido; se trata de una nota muy grave que no me atrevo a interpretar con seguridad. Sin embargo, no me parece del todo imposible que Sócrates-Platón hayan querido decir que Homero no ha observado en este punto la pureza de la tradición sagrada, como tampoco en sus historias de dioses y en su representación de la desolación de la otra vida. La retractación, el "arrepentimiento" como antigua forma de expiación y purificación parece de hecho a primera vista un pensamiento muy poco griego. Y Nietzsche ha defendido y apoyado apasionadamente esta engañosa apariencia[5]. Pero Platón y Sócrates parecen haber pensado realmente este pensamiento de la fuerza purificadora del arrepentimiento. Y Sócrates hace hasta referencia a la purificación ritual con el agua cuando dice que se siente inducido a lavar el gusto a sal de lo que hemos oído hasta ahora con el agua dulce del manantial de un nuevo discurso retractatorio.

---

[4] Eurípides, *Ifigenia*, 1193.

[5] «Un griego hubiera dicho del arrepentimiento: ¡Que los esclavos sientan así!». *La gaya ciencia*, libro 3, núm. 252.

«Quiero, pues, intentar retractarme ante Eros y esta vez con la cabeza descubierta, libre». Solo ahora da Sócrates la verdadera interpretación a su extraño gesto de cubrirse la cabeza. La razón no es reparo a causa del atrevimiento de entrar en concurso con el artista Lisias, sino *aischyne,* vergüenza, el sentimiento de estar haciendo algo vergonzoso e ignominioso.

AMOR ENTRE HOMBRES LIBRES

Los dos discursos eran desvergonzados, ¿no lo reconoces, caro Fedro? El último tanto como el que tú has leído en tu manuscrito; pero no solo para avergonzarse de ellos, ante los dioses, sino igualmente ante los hombres, cierto no ante cualquier hombre, sino ante el verdaderamente noble y de fina sensibilidad. Dicho de otro modo: Lisias y yo hemos hablado como si nunca hubiese existido un amor verdaderamente noble y generoso, como si sensibilidad distinguida fuese sencillamente una ficción, una representación ingenua, irrealista. Imagina, dice Sócrates, que nos hubiese oído antes alguien verdaderamente distinguido, o hubiese estado alguien que estuviese entregado a un hombre en amor, a un hombre, igualmente, de gran sensibilidad. ¿No crees que este hombre hubiese tenido que creer estar escuchando a gente que se ha educado entre esclavos y no ha visto nunca el amor de los hombres libres? Hay que hacer notar aquí que esta contraposición no tiene nada que ver con el fenómeno *social* de la esclavitud. No solo en Platón, sino también en Aristóteles, que habla, por ejemplo, de formas musicales que impresionan a esclavos y animales[6], existe un concepto de la esclavitud que no puede desaparecer del mundo ni por medio de ningún cambio social ni de ninguna liberación de los esclavos. Esta idea proviene más bien de la convicción de que lo verdaderamente humano no se da jamás en el término medio de los hombres. El modelo por el que será medido lo verdadero y lo falso, lo bueno y lo malo no es solamente lo divino, sino también lo humano; más concretamente: modelo es, lo que el hombre, él mismo, es *capaz* de ser y lo que es *llamado* a ser. «Por vergüenza ante este hombre», que no es, por tanto, "otro cualquiera" y que se refiere mucho más a Fedro visto bajo sus verdaderas posibilidades, en tanto realiza el bosquejo que él mismo es, avergonzado hasta tal punto, quiere Sócrates retractarse de su falso discurso en un segundo discurso sobre el *eros*. Este segundo discurso es el verdadero contenido del diálogo; es también por el cual todo lo demás merece la pena.

La aparición de las figura divinas

Si los preliminares de esta retractación han sido interpretados tan detalladamente, ha sido para poner de manifiesto cómo se ha transformado la atmósfera del diálogo desde que Fedro, procedente de la dudosa sociedad en que ha encontrado a Lisias, viene a cruzarse en el camino de Sócrates. La situación del coloquio está por decirlo así, bajo otro astro. Se había empezado bajo la regencia de "placer" y "literatura", de una indiferencia formalmente

---

[6] *Política* 8, 6 (1341 a).

cultivada frente a lo que el hombre es en verdad y a lo que "debe" ser. Ese relegamiento a la región de un beneficio miedosamente protegido, que pondera con pedantería la inversión y la ganancia, esa atmósfera de un egoísmo locuaz, orientado hacia sus posibilidades, estalla con el aviso con que sale Sócrates, por decirlo así, a la luz del día. En el lugar de la artificiosidad literaria aparece el patetismo que dice lo necesario; y donde la preocupación por poseer el máximo de cualidades, véase debilidades humanas, ha desfigurado la mirada, surgen las imágenes de los dioses y con ellas las verdaderas posibilidades del hombre mismo. Se respira un aire más fresco, más frío, más puro.

CONTINÚA LA MASCARADA

La comedia ha cesado, como ya habíamos dicho, pero no desaparece nunca totalmente. En Platón no se da nunca la monotonía del discurso nada más que patético; y a la verdad, la rareza con que aparece el *pathos* socrático en medio del juego de una mascarada irónica hace más patente, más plástica su seriedad. De este modo se relaja aquí la rigidez del festivo discurso por medio de una historia con rasgos frívolos. Es la narración legendaria del poeta siciliano Estesícoro, quien, habiendo narrado en un poema la historia de la *diosa* Helena —que pasaba por deidad para los dorios— como la había cantado Homero, es castigado con la ceguera. Pero como Estesícoro era un «demoníaco», un hombre inspirado por las musas, reconoció la razón de esta ceguera, y después de haber cantado una «retractación», se volvió vidente. Los detalles de esta historia y su eventual trasfondo histórico no nos interesan aquí. Lo que sí nos interesa es que Sócrates juega a ser Estesícoro, el ciego que espera su salvación de una retractación que se espera de él. Es algo difícil señalar las múltiples alusiones y la riqueza de referencias que se hacen, con solo un gesto, en esta nueva mascarada, ligera y casi incidental, verdaderamente "representada", sin embargo, en muy pocos momentos, es difícil, repito, sin hacer grosera la delicadeza de la estructura o, en suma, sin correr el riesgo de destruirla.

«¿Dónde está el joven?», pregunta Sócrates como un ciego que llamase a su compañero. Aludido es conjuntamente *el* joven al que ha hablado hasta aquí y sin embargo, no *él,* Sócrates, sino otro, un taimado, astuto impostor. «¿Dónde está el joven a quien me dirigía? Porque es preciso que oiga también lo que voy a decir para que no se apresure, ignorante, a ser el amigo *del* no-enamorado». En sentido estricto no se trata del joven, lazarillo del ciego, ni de aquel al que había sido dirigido el blasfemo discurso anterior; aludido, aunque no llamado por su nombre, es *Fedro.* Este comprende por lo demás, en seguida, el juego: «El joven estará junto a ti siempre que le llames». Pero entonces empieza Sócrates el discurso hablando de Fedro como de un extraño que no se encontrase a su lado, como si tuviese que hacer con *dos* Fedro, de los cuales uno, el *verdadero* Fedro, le escucha ahora, y de los cuales el otro ha encontrado «grandioso» el discurso de Lisias y le ha inducido a él mismo, a Sócrates, al blasfemo discurso contra *Eros.*

La primera frase del siguiente gran discurso de Sócrates reza: «Tienes que saber, hermano joven, que el discurso anterior procede de Fedro, del hombre de Mirrinos, del hijo de *Pitokles,* mientras que *el* que voy a pronunciar...». Había que pensar que la frase acabaría así: «mientras que el discurso que voy a pronunciar no es solo en apariencia mío, sino que procede verdaderamente de mí». En su lugar acaba así la frase: mientras que el discurso que voy a pronunciar es de Estesícoro de Himera, hijo de Eufemo. Y he aquí lo que dice: Y entonces sigue la retractación, la *palinodia.*

Empieza con un "No". Pero esta negación es solo la primera palabra. Le sigue en seguida el "Sí", la tesis afirmativa.

5.
MANIA Y *PASSIO*

MANIA COMO DON DIVINO

«Los mayores bienes nos son concedidos en la forma de la *mania* en la medida en que esta nos es otorgada como don divino». Esta frase de Sócrates, cuya palabra fundamental *mania* queda en un principio sin traducir, forma el centro de todo el diálogo. Se dirige no solo contra lo dicho por Lisias y, paradójicamente, por Sócrates mismo, sino también contra lo que posee validez oficial en la sociedad ateniense de su tiempo.

La tesis contiene toda una comprensión del mundo; pero ante todo expresa una opinión profunda sobre el sentido de la existencia humana. El *eros*, que había ocupado hasta aquí toda la atención, no es mencionado con ninguna palabra. Este silencio, a primera vista un poco sorprendente, se debe a que la exposición ha avanzado hasta un nuevo, mayor, horizonte. Sin embargo, solo se podrá, y se estará dispuesto, a aceptar la argumentación ascendiente y empezada *ab ovo,* o bien, a escucharla, cuando se sepa con claridad qué es lo verdaderamente "blasfemo" del discurso anterior. Estos discursos tienen el carácter de la conclusión, son la "aplicación" de una tesis general que concierne igualmente a los hombres y al sentido de su existencia. Y es justamente esta tesis general a la cual opone Sócrates su propia tesis.

Lo primero que ocurre es que son desechadas la absurda limitación del pensamiento y de la atención, que habían sido fijadas por la publicidad sofística a la moda en la superficialidad de una teoría, digámoslo así, del *flirt.* Sócrates se niega a pisar la arena de tales discusiones, no porque quiera evitar el tema *eros,* sino porque lo quiere tratar en la única conexión objetivamente correcta. Su agresión se dirige, por tanto, contra aquella representación, en suma, del hombre, que viene manifestada en la opinión de la (deseable) "objetividad" de la pura satisfacción animal. Es, dicho de paso y sumariamente, la idea de que el hombre es un ser absolutamente autárquico, que dispone de su propia naturaleza como de cualquier materia; un ser que decide soberanamente sus propios fines, que organiza su existencia con técnicas racionales de vida y cuya dignidad exige, defienda cualquier intromisión en esta esfera de la perfecta autoposesión, indiferentemente cual pueda ser la *procedencia* de esta intromisión: *contra* esto dirige Sócrates en el siguiente discurso su ataque. Esta contraposición es la clave a partir de la cual será comprensible lo hasta aquí dicho.

Sócrates nos dice, pues, que el *eros* no es *mania:* pero niega que *mania* sea un mal, una "enfermedad", como se llama en la terminología de la técnica de vivir sofística.

La enfermedad solo se puede definir en relación con lo que se comprenda por salud. Y justo en esta idea del ser auténtico del hombre es en lo que difiere, radicalmente, Sócrates de sus adversarios. Su expresión es, sin embargo, algo diferenciada. Sócrates *no* dice que la *mania* pertenezca en absoluto al hombre y a su ser auténtico, sino que dice que no es en todos los casos un mal. La manía no es llamada ya un *bien,* sino que se dice que puede ser un medio, una ayuda, un camino para un bien, y hasta para los *mayores bienes,* a condición de que la *mania* sea concedida al hombre como don divino.

Mas, ¿qué se quiere decir con *mania*? En las traducciones alemanas usuales está traducida la palabra bien por "embriaguez" (Kurt Hildebrandt) o por "delirio" (Schleiermacher, Georgii, Gank); hablar de delirio sencillamente y sin más concreciones me parece dudoso, porque esa palabra acentúa demasiado lo insano e irracional. Además, induce también a remitir y desplazar el pensamiento platónico al ámbito de lo mágico-primitivo, por ejemplo, del culto orgíaco-dionisíaco, o sea a un ámbito que ya no nos afecta en serio. La traducción "embriaguez" sugiere, por su lado, un acercamiento al ámbito de lo meramente poético, romántico, frívolo, hasta, quizá, de lo provocado con una droga, en cualquier caso de nuevo al ámbito de lo no comprometido, de lo poco serio.

EL ESTAR-FUERA-DE-SÍ; PÉRDIDA DEL AUTODOMINIO AUTÁRQUICO

Si se consideran todos los elementos nombrados por Platón, habrá que decir que con *mania* se refiere en primer término, a un estar fuera de sí, a una pérdida del dominio sobre sí mismo, del autopoderío y autocontrol autárquicos; un estado en el que no somos activos, sino pasivos. No *hacemos* algo, sino que *sufrimos* algo; nos pasa algo. Los franceses hablan de *transport*[1]. Cuando interpretan este lugar de Platón, hablan, pues, de mi ser encaminado, de un desplazamiento y éxtasis... del propio centro. Con ello queda nombrado *uno* de los elementos de lo dicho aquí por Platón; es el elemento de la debilidad, si se quiere, hasta el elemento de la enfermedad y el "delirio". Si bien no hay que olvidar que este estar-fuera-de- sí, no ha sido producido por una confusión del espíritu, ni por drogas o veneno, sino por una fuerza *divina*. La deidad es el verdaderamente actuante, es a través de quien le acontece algo al hombre. Esto es lo que hace imposible hablar de "delirio" o "embriaguez" a la ligera y sin más concreciones. El nombre que más acertado me parece y que utiliza el mismo Platón es "entusiasmo", "estar-lleno-del-dios". En medio del diálogo *Fedro* se habla de alguien extasiado en la forma de la *mania:* «Los más —se dice— lo tienen por loco...; pero que es un entusiasmado *(enthousiázon),* queda oculto a los más».

PASSIO, ENTUSIASMO

No hay, sin embargo, que pensar que Platón clasificaba, sin más e indiferentemente, en esta serie a cualquier conmovido eróticamente y que, por tanto, cada figura del

---

[1] Pierre AMANDRY, *La mantique Apollinienne à Delphés* (París, 1950), 43 s.

eros era declarada como *theia mania.* No hay que creer capaz a Platón de tales romanticismos. No obstante, se afirma en el discurso de Sócrates que *también* la conmoción erótica puede ser un camino a través del cual se concedan a los hombres «los mayores bienes» a condición de que el hombre no pervierta la conmoción erótica negándose, por ejemplo, a pagar por la apertura y exploración del espacio interior de la existencia el precio de la pérdida de su autodominio, eligiendo en su lugar el aislamiento a través del placer.

Pero antes de esto se habla de cosas muy distintas. Y, como he dicho, quien no haya tomado consciencia de la tesis general expuesta al principio no las comprenderá ni aceptará como "pertenecientes aquí". Esta tesis significa: el hombre es de naturaleza tal que se posee en libertad y autodeterminación, capaz y, aún más, obligado, a un examen crítico de todo lo que le afecta, pero sobre todo capaz y obligado a configurar la propia vida por razón del conocimiento; sin embargo, este mismo hombre (responsable de sí mismo) está conjuntamente, y a pesar de ello, interesado de *tal modo* en la realidad total, que le puede acontecer algo y que puede ser arrojado de su autodominio, no solamente en la forma de la limitación violenta, sino probablemente siempre y cuando este hombre se cierre y niegue, también de manera que en la pérdida del autodominio le sea concedida otra plenitud de otro modo inalcanzable.

Esta idea del hombre, cuya tensa estructuración no puede quedar impresa en una fórmula absoluta, cuya explosividad interna irradia una inquietud nunca satisfecha, ha sido, de una manera especial, *el* eterno problema de Platón. Cierto que nunca ha puesto los acentos en el mismo lugar. Pero porque él, como todo verdadero filósofo, no está preocupado por encontrar una "rima", una fórmula manejable, sino que está, antes bien, preocupado en no descuidar nada, no ha negado ni olvidado nunca que *ambos,* tanto el autodominio como su disolución a través de una potencia superior, pertenecen esencialmente al hombre. Sin embargo, no se ha mostrado siempre dispuesto a comprender la pérdida de la autarquía propia como una *ganancia.* En los primeros diálogos —*Ion, Menón* y también *Apología*— acentúa preponderantemente, según parece, justamente el carácter de *pérdida:* los poetas y los maniáticamente exaltados no saben lo que dicen; dicen la verdad, pero no por razón de un conocimiento real que fuese propiedad disponible, etc. Platón parece, pues, inclinado en estas primeras manifestaciones a llamar una "enfermedad" al entusiasta estar-fuera-de-sí, pese a que declararía como una enfermedad peor no poder sufrir esta enfermedad. "La enfermedad que consiste en no poder estar enfermo": esta expresión, sacada de la psicología moderna, no sería una mala descripción de este autodominio sofístico del que acabamos de hablar. Por lo contrario, aquí, en el *Fedro,* el acento de afirmación decidida descansa por igual en los dos elementos conceptuales opuestos entre sí. «Algo así no había expresado él antes», dice Wilamowitz[2].

_____

[2] *Platon,* 361.

Formas del delirio divino. Primera: el éxtasis profético; Delfos, Dodona, la Sibila

Sócrates empieza a hablar de cuatro formas diferentes de la *theia mania*; y la cuarta es la conmoción erótica. En *primer lugar* se habla del éxtasis profético de la "divinación" en sentido estricto, de *transport prophétique*. Tres figuras son invocadas por sus nombres. La profetisa de Delfos, la sacerdotisa de Dodona, la Sibila. Lo que tienen en común es que han producido grandes cosas por medio de sus manifestaciones en el estado del entusiasta estar-fuera-de-sí, mientras que con el espíritu claro, con circunspección y en posesión de sí mismos no han sabido decir nada significativo. *Delfos* era ya en tiempos de Sócrates un santuario milenario cuyo influjo se extendía hasta el interior de Asia y Egipto. Independientemente de cómo deba interpretarse en concreto, sabemos hoy que el Oráculo de Delfos no puede ser suficientemente sobreestimado en lo que respecta, ante todo, a su influjo en el terreno político. Sus sentencias contenían reivindicaciones religioso-morales, formuladas con una fuerza de irradiación tal, como no se dan en el mundo precristiano. No solo fue proclamado el carácter sagrado del derecho de asilo, por ejemplo, y no solo se puso término a la venganza de la sangre. Al oráculo de Delfos se deben las primeras reglas para una dirección más humana de la guerra, o sea, una suerte de "derecho de los pueblos". De la sacerdotisa *Dodona,* en el norte de Grecia, ha sido transmitida la más antigua sentencia en verso que de la religión griega nos es conocida: «Zeus era,

Zeus es y Zeus será: ¡Oh Zeus, tú violento!»[3]. La amena historia de los dioses de la mitología homérica, que condena Platón como perversión de la verdadera doctrina de los dioses, de los *griegos* naturalmente, nos hace pasar por alto con demasiada facilidad tales cosas. Y por último: la *Sibila*. El más antiguo testimonio, procedente de uno de los más grandes filósofos presocráticos, de Heráclito, es igualmente sibilinamente oscuro; «La Sibila, con boca enfurecida, arrojando palabras serias, verídicas, crudas, atraviesa con su voz los milenios, impulsada por Dios»[4]. Para los coetáneos de Platón son tan conocidas estas cosas que se dice expresamente: no queremos hablar demasiado tiempo de algo que todos conocen, y luego resumiendo se añade: que vale la pena considerar el hecho de que los antiguos que otorgaban los nombres hubiesen dado el nombre de *mania*, como un nombre glorioso a este arte adivino de la sacerdotisa del Oráculo y de la Sibila. Pocas líneas después vuelve a ser corroborada esta tesis: Los antiguos dan testimonio de que la *theia mania*, el entusiasta estar-fuera-de-sí enviado por el dios, es más venerable que la circunspección procedente de los hombres.

La esterilidad de la perspectiva histórica

Nosotros, tardíos lectores de Platón, estamos inclinados en principio a relacionar este documento de Platón sobre el profético estar- fuera-de-sí con Delfos, Dodona y la Sibila, es decir con la "historia religiosa de los griegos", y

---

[3] *Sibyllinische Weissagungen*. Ed. A. Kurfess (München, 1951), 16.
[4] *Fragment* 92 (H. Ittels I, 172).

a dar el asunto por terminado. Y si ojeamos la literatura académica sobre Platón nos veremos confirmados y animados en este modo de exposición.

De este modo se destruye, sin embargo, el verdadero fruto que pudiera florecer del estudio y hasta de la sencilla lectura de Platón. Recuerdo en este punto las *Cartas del diablo a su sobrino* de C. S. Lewis. Un Mefisto, que una larga experiencia ha hecho "sabio", llamado aquí Escrutopo, da normas y consejos a un sobrino con poca experiencia de los hombres, de lo que resulta una tan graciosa como profunda doctrina filosófica del hombre, solo que reflejada al revés. Una de estas cartas trata del estudio de los antiguos clásicos:

> Solo los eruditos leen viejos libros. Pero nosotros (los espíritus infernales aliados) hemos adiestrado a los eruditos de modo que son entre los hombres los menos aptos para apropiarse de la sabiduría de los libros clásicos. Lo hemos alcanzado inculcándoles de manera insoluble el "punto de vista histórico". El "punto de vista histórico" significa, dicho con brevedad, lo siguiente: cuando un erudito encuentra una manifestación cualquiera de un autor antiguo, la única pregunta que nunca hará es la pregunta de si la declaración hecha es *verdadera*. Pregunto, quién ha influido en el autor antiguo, en qué medida coincide la manifestación con lo que dice en otros libros, qué fase de la evolución del escritor, o de la evolución de la historia general del espíritu se documenta en ella; el influjo que ha tenido en pensadores posteriores, cuántas veces ha sido falsamente comprendida, especialmente por los propios colegas, etc.[5]

---

[5] C. S. Lewis, *Cartas del diablo a su sobrino* (Madrid, Rialp, 2015).

Pero en el momento en que, ateniéndose a lo que dice Platón sobre la primera forma del estar-fuera-de-sí, pregunta si ha sido dicho algo coincidente con los datos reales, si se declara algo que se encuentra de hecho en la realidad del ser humano, desaparece automáticamente la posibilidad de limitar la declaración de Platón a la historia de la religión griega. Una pregunta tal elimina en seguida la reducción a lo puramente pasado.

LA PALABRA CLAVE: "INSPIRACIÓN"

El que el cristiano actual, por ejemplo, encuentre a la Sibila en la liturgia eclesiástica de los difuntos en la secuencia *Dies irae*, el que sea nombrada al lado del rey bíblico David, testimoniando ambos profetas el catastrófico fin de la Historia (*Teste David cum Sibylla*), puede ser tomado como un arabesco sin mayores obligaciones. Para poder debatir en serio la pregunta de la verdad, tenemos que traducir más enérgicamente a nuestra mentalidad lo dicho y opinado por Platón. Existe, por lo demás, una traducción, ya precristiana, en el idioma más cercano a nosotros de los romanos, en latín. En el libro sexto de la *Eneida,* que describe la consulta de la Sibila de Cumas por Eneas, aparece la *theia mania* verdaderamente como "locura divina", en la gigantesca gruta de Cumas «retumba la sentencia de la Sibila», ella misma está en la entrada, «súbitamente se demuda su rostro, cambia de color, flotan en lo alto sus cabellos, con fuerza jadea su pecho, enfurecido se hincha su corazón, crece y crece hacia lo alto, ninguna palabra mortal más pronunciada, está alentada por el dios que se acerca...»[6]. «El frenético desgarra la brida y taladra profundamente en el corazón las espuelas de Apolo»[7]. Sin embargo, yo no llamaría a esto una traducción en lo que conocemos. Antes bien la encontramos en una sola palabra de Virgilio; se encuentra en el primer verso del canto sexto, en el que se dice de la Sibila: el dios délfico, Apolo, «*le inspiró* la plenitud del espíritu». Este llenar con aliento es llamado *inspiratio,* ¡inspiración![8].

A partir de esta palabra puede ser formulada de nuevo y con más claridad la declaración del diálogo platónico *Fedro.* La naturaleza humana se encuentra situada en su espacio existencial, de modo que está esencialmente abierta hacia la esfera de lo divino. El hombre es de tal manera que, *por una parte,* por *inspiración,* por un acontecimiento en suma que yace allende su disponibilidad, que, antes bien, le es otorgado como acontecimiento imprevisible, puede ser arrojado de su autodominio autárquico; pero que *por otra parte,* justo con esta pérdida de la soberanía crítica, participa de una plenitud sobre todo de entendimiento, de luz, de verdad, de esclarecimiento de la realidad que le sería si no inalcanzable. Se trata expresamente no de una genialidad inminente al hombre, sino de la obra de otro poder, superior, divino. Y esta prepotencia por inspiración no es solo posible abstractamente; se da realmente. Pero *cuando* se da, lo hace de modo que la *sophrosyne* y todo lo que ella encierra, es puesta violentamente fuera de vigor, pese a que en ella yace la dignidad

---

[6] *Eneida* 6, 42.
[7] *Eneida* 6, 100 s.
[8] *Eneida* 6, 11 s.

de la persona humana. Inspiración en tanto acontecimiento tiene lugar como un no-estar-en-sí, como *theia mania*, de modo que tiene que aparecer a los "más" como delirio. Es evidente que una declaración tal expone a la discusión la estructura metafísica del hombre, "científicamente", casi inaprehensible. Quien desee esclarecer la verdad de lo dicho tiene que estar dispuesto a "declarar" las últimas tomas de posición. Esto significa, dicho escueta y drásticamente, que un cristiano que pretenda una interpretación filosófica de Platón, no puede dispensarse, en vista de estas afirmaciones, de poner en juego la verdad de la fe cristiana. Y no es necesario perder más palabras sobre el hecho de que coincidirá con Platón en reconocer que tanto la limitación de la naturaleza humana como su infinita capacidad de recepción y comprensión, ambas a la vez, se manifiestan en el acontecimiento de la reveladora inspiración divina.

¿Cómo acontece la revelación?

Cierto que queda aún por preguntar si este común acuerdo pudiera extenderse asimismo al *cómo* de la revelación e inspiración. ¿Puede un teólogo cristiano aceptar las palabras platónicas del entusiasta estar-fuera-de-sí y, más aún, las de *mania* aunque se la llame cien mil veces «delirio *divino*»? ¿Qué opina realmente la Teología cristiana de la revelación e inspiración como un acontecimiento que le acaece al primer receptor? Reconozco que por mi parte había esperado una información mucho más moderada, más circunspecta, más racionalmente fría que las palabras platónicas sobre la *theia mania*. Pero, algo sorprendido, he encontrado luego en santo Tomás, a quien no se le puede hacer el reproche de falta de sensatez, una descripción del proceso de revelación bastante parecido al que contiene el *Fedro* de Platón. Santo Tomás habla del acontecimiento de la revelación y de la inspiración con las palabras *prophetia* y *raptus*. Ya la palabra *raptus,* con su perceptible sonido de violencia y fuerza, se encuentra claramente cercana de la *theia mania*. Y la definición clásica que cita santo Tomás lo confirma: ser elevado por una fuerza superior, alejado de lo que es conforme a la naturaleza; hacia aquello que es contra la naturaleza *(in id quod est contra naturam)*[9]. E igualmente la profecía, entendida como un acontecimiento *en el* espíritu de aquel a quien son concedidas revelación e inspiración, es descrita por santo Tomás con las categorías no solo de la *passio,* sino también del fallo. Pregunta si la *prophetia* es un *habitus,* algo que posee el "profeta", un bien, un don, una maestría[10]. La respuesta reza: no, la luz profética está presente en el alma del profeta en el modo de un sufrimiento o de una "hendidura fugaz". «Profecía es, en cierto sentido, un acto espiritual en la medida en que es una visión del profeta; pero es similar a un sufrimiento respecto de la luz, que es recibida súbitamente como algo que atraviesa»[11] («como la luz del sol en la atmósfera»[12]). «En la revelación profética, el espíritu del profeta es movido por el Espíritu Santo como un instrumento que falla...»[13]. Totalmente

---

[9] *Ver.* 13, 1 obj. 1.
[10] *Sum. theol.,* 2, 2 q. 171 a. 2.
[11] *Ver.* 12, 1.
[12] *Ver.* 12, 1 ad 1.
[13] *Sum. theol.* 2, 2 q. 171 prolog.

inesperado es, por último, el que santo Tomás, que se define en general por el racionalismo más sobrio, diga que la capacidad del hombre dormido es más poderosa que la del despierto[14], con lo cual, con un único, sorprendente paso, se pone absolutamente al lado de Platón. Pero ambos son igualmente incomprensibles e inalcanzables para el racionalismo falseador de la vida.

SEGUNDA: LA "*MANIA* CATÁRTICA"

La segunda forma del estar-fuera-de-sí divino de que habla Sócrates es caracterizada con una fórmula abreviada como «*mania* catártica»[15]. Un confrontamiento y asociación con lo que nosotros tenemos por verdad implicaría que de hecho tenemos formada una opinión sobre el objeto de la discusión. Y a primera vista no parece ser este el caso. ¿Qué quiere decir, pues, «*mania* catártica»? El texto reza así: «La *mania* ha liberado también de aquellas enfermedades y calamidades peores que, a causa de viejas culpas, oprimen a ciertas familias, cuando caía sobre los necesitados de ella revelándoles cosas ocultas (*prophetéusasa*, profetizando). Por medio de las súplicas a los dioses y participando de la purificación y consagración propias a las ceremonias del culto, salvaba a los afectados para el presente y el futuro y concedía la liberación de los males a los verdaderamente exaltados y encantados».

---

[14] *Ver.* 12, 3 ad 1.
[15] FRIEDLÄNDER, *Platon* III, 210.

El estar-fuera-de-sí como condición previa para la purificación y la salvación

La literatura platónica es extremadamente breve y mono-silábica en torno a este texto. Wilamowitz dice sin rodeos: «esto está todavía sin comprender»[16]; «no he encontrado en ningún sitio una explicación, y yo mismo me encuentro perplejo»[17]. Podríamos, naturalmente, proponer que se dejase de lado la cuestión si no fuese tan inquietante tener que reconocer, entonces, nuestra total incapacidad para comprender como llena de sentido, es decir, como afirmación referible a la realidad, una tesis expuesta por Platón con la mayor seriedad. Sería inquietante, no tanto por la laguna interpretatoria tan penosa para historiadores y filólogos que supondría, sino porque se podría sospechar con razón, entonces, que nos habíamos vuelto ciegos a la realidad, siempre que, frente a una afirmación tan concreta y que según todas las apariencias era para Platón tan fundamental, no supiéramos de qué se trataba.

Hay dos cosas que preguntar aquí: *Primero:* ¿existe entre el total de los componentes que conocemos hoy del hombre algo que corresponda a lo que Platón llama «enfermedades y cargas procedentes de antiguas culpas»? En la traducción se dice también: «procedente de una antigua maldición» (K. Hildebrandt); *ménima* significa de hecho las dos cosas: culpa e ira (ira de los dioses). La más adecuada es quizá la palabra alemana que encierra los dos elementos: *Verhängnis* (fatalidad). Hay que preguntar, *en*

---

[16] *Platon*, 375, *Anm.* 1.
[17] *Ibid.*, 322, *Anm.* 3.

segundo lugar: ¿existe en nuestro conocimiento del hombre algo equivalente a lo que dice Platón de la *mania* divina, o sea, que solo a través de ella queda liberado el hombre de aquellas cargas? Solo si existen tales equivalentes podemos comprender de qué habla aquí Platón; y, sobre todo, solo entonces podemos confrontar lo dicho aquí con lo que nosotros tenemos por verdad.

Respecto de la primera pregunta hay que adelantar que las enfermedades, cargas, plagas, calamidades de las que habla Platón no tienen que ser comprendidas, o al menos no primordialmente, como defectos, sufrimientos y heridas *corporales*, sino como cargas *espirituales* que agravan y oscurecen el ánimo. Hackforth dice en su comentario del *Fedro* que Platón perseguía, probablemente, algo así como la historia de Orestes, a quien persiguen los espíritus vengadores, las Euménides[18]. Pero a las Euménides no las encontramos únicamente en la tragedia antigua. El espectador teatral de hoy las ve aparecer en forma de "coro" en la ventana de una moderna casa de campo inglesa, en la obra de T. S. Eliot, *Reunión Familiar.* «En Argos y en Inglaterra, en todas partes, rigen estas leyes inflexibles, invariablemente, como en la música...». Cierto que es menos importante la coincidencia de vocabulario que la objetiva. Pero aquí pueden ser evocados los hallazgos, por ejemplo, de la psicología moderna, en los que no aparecen nuevos conocimientos sin precedentes, sino que en ellos se confirma, antes bien, lo que han sabido y dicho los grandes conocedores del corazón humano y la sabiduría colectiva. Y ellos confirman igualmente esto: Que en

---

[18] HACKFORTH, 60.

la vida del alma existen realmente cargas, enfermedades, calamidades de las que está probado que deriven de «antiguas fatalidades», en las que están complicados tanto el individuo afectado como las generaciones precedentes y en los que, además, el inevitable destino procedente de fuera va unido a una inversión de la voluntad (concretamente casi incomprensible). Con una palabra, un estudio del hombre que considere la totalidad de la existencia, parece conducir hoy al resultado de que tales cargas son una realidad. Sin embargo, el resultado dice también que el hombre *no* puede liberarse de estas cargas por medio de una técnica racional, que por el contrario un tal intento haría más gravoso el peso. La liberación pudiera darse más bien en un proceso terapéutico cuya caracterización negativa sería que el que desea curación tiene que abandonar por un cierto tiempo el mando del autocontrol y autodominio racionales. *No* radica, pues, justamente en una actuación activa, sino en dejar que a uno le acontezca y suceda algo, por ejemplo: en un descender a la esfera del inconsciente y del sueño. Platón supo, sin duda alguna, que la terapéutica de Asklepio era originariamente un arte *mántico*, que dispensaba consejos y curación durante el sueño[19], Pero el sueño es algo que no hacemos nosotros. «Nosotros *sufrimos* el sueño». Esta frase no es una fórmula antigua, procede, antes bien, de los escritos del psicólogo moderno C. G. Jung[20]. Este habla, igual que Platón, de la necesidad de entregarse al

---

[19] Cf. *Reallexikon für Antike und Christentum* I, col. 795.
[20] Citado en Jolan JACOBI, *Die Psychologie von C. G. Jung* (Zürich, 1940), 87.

estar-fuera-de-sí, a la *mania*, para la curación y el curarse; y cita en este punto la «antigua sentencia»: «deja lo que tienes y entonces recibirás»[21]. Lo que hay que recibir tiene en la psicología moderna el mismo nombre que en la platónica; recibir es purificación, catarsis[22]. Contra este intento de establecer una analogía entre Platón y la psicología moderna del subconsciente podría alegarse en todo caso una objeción que daría lugar a la reflexión siguiente: por mucho que el "dejar hacer al inconsciente", de que hablamos hoy día, pueda ser un estar-fuera-de-sí al modo de la *mania* platónica, lo decisivo para Platón es que se trata de un divino estar-fuera-de-sí, de una *theia mania*, que desconoce totalmente la teoría del subconsciente. Sin embargo, pese a lo justificado de esta objeción respecto de lo explícitamente dicho, o más bien, no-dicho, en la psicología actual, yo trataría de darle la réplica con la contrapregunta: de si el fondo vital del alma, que se sustrae a cualquier técnica racional de vida, que sabe verdaderamente lo que quiere y lo que necesita[23], no cree implícitamente en un origen sobrehumano y creador de aquella curación como algo, al menos, vislumbrable. No es en lo absolutamente irracional en lo que cae el hombre cuando se deja a sí mismo de la mano. Se dirige hacia la oscuridad salvadora de su propio origen divino.

---

[21] *Seelenprobleme der Gegenwart* (Zürich, 1931), 11.

[22] *Ibid.*

[23] A. Görres, *Methode und Erfahrungen der Psychoanalyse* (München, 1958), 274.

Todavía queda por decir que si Platón pensaba realmente en la historia del matricida Orestes, pudo, probablemente, haber querido referirse total o parcialmente a *culpa* en su sentido estricto al hablar de la carga procedente de la antigua fatalidad. Su tesis afirmaría también entonces que culpa, sacrilegio, pecado no pueden ser borrados y que no nos desharemos de su carga por medio de un procedimiento racional de la dirección de la vida interior, ni por medio de una técnica de vida, por muy sublime que esta sea. La culpa es redimible por medio de una *theia mania*. El hombre de nuestro tiempo, en la medida en que es cristiano (de nuevo es necesario aquí poner en juego las últimas posiciones, no solo en el caso de asentimiento, también en el de no-asentimiento), el cristiano, pues, no podrá sino ponerse del lado de Platón y hablar de su convicción propia, que dice asimismo que la culpa solo puede ser redimida por medio de la *metanoia,* por medio de la reordenación y la conversión. *Metanoia* significa, empero, que primero se desiste y se abandona la autosuficiencia del espíritu que se piensa autárquico. *Metanoia* es la contraparte de aquella actitud que ha sido formulada por Sócrates para todas las épocas con las palabras: el fruto de la filosofía es «no arrepentirse nunca de nada»[24].

La idea de la *metanoia* contiene, en segundo lugar, el pensamiento de que una tal reordenación de los sentidos no es realizable por un acto de la voluntad, sino que es, antes bien, otorgado al hombre como don divino.

---

[24] *Epistolae* 115, 18.

Tercera: el éxtasis poético como gracia

La *tercera* forma de estar-fuera-de-sí divino de que habla Sócrates es la *mania* poética, el éxtasis procedente de las Musas, «que conmueve el alma pura y tierna, transportándola al entusiasmo». Acto seguido se le añade una clara negación: la grande y verdadera poesía no es posible a menos que provenga del delirio divino. Al que quiera ser poeta por sus propias fuerzas no se le concederá la consagración. La poesía de los eruditos será eclipsada por la poesía de quienes hablan a partir del entusiasta estar-fuera-de-sí.

«¿Cómo puede conciliarse este elogio de la poesía... con el juicio condenatorio de la *República,* que expulsa a Homero y a la tragedia del estado justo?». Esta frase de Wilamowitz[25] se repite con frecuencia en la literatura platónica. Pero quizá no se dé aquí un verdadero conflicto. Platón ha distinguido siempre, por ejemplo, en el diálogo *Menón,* escrito con bastante anterioridad al la *República,* entre los poetas *divinos* y los que no tienen ningún derecho a este nombre. Y al parecer incluía a Homero entre estos poetas *no* divinos, por atribuir cualidades profanas a los dioses.

Poesía e inspiración: Lessing, Goethe, Hölderlin, Benn

La verdadera poesía tiene, pues, su origen en la inspiración divina; procede de un estado del alma que es antes bien

---

[25] *Platon*, 376.

un estar-fuera- de-sí, que un estar-en-sí, y este estar-fuera- de-sí no ha sido producido por vino, veneno o drogas, sino por un poder superior. La poesía cuando es realmente poesía procede del "entusiasmo" en sentido estricto. ¿Podemos aceptar hoy día esta tesis platónica bajo otro aspecto que el histórico? ¿Podemos decir, considerando todo lo que sabemos de un modo crítico sobre las condiciones, especialmente las físicas de la producción poética, podemos decir todavía en serio que la poesía procede de un don divino? Con el "nosotros" no nos referimos al hombre actual en suma, sino concretamente al cristiano. ¿Puede él aprobar una tesis que sitúa a la poesía al mismo nivel de la revelación e inspiración en sentido estricto? Cuando se dice en una biografía de Rilke[26]: «Rilke es una figura poética pura, en el sentido de receptáculo para la inspiración divina. Hay que creer en ella para hacer justicia a Rilke», no se necesita ser especialmente insensible al arte, ni especialmente insensible a Rilke para tener una tal expresión por lo menos, como una exageración romántica, cuando no por una blasfemia. Pero ¿no viene a decir lo mismo Platón? En una tal ocasión se muestra el fallo que supone no poseer una doctrina teológico-filosófica de la naturaleza de las artes poéticas, a partir de la cual pudiera ser debatida de forma crítica la tesis platónica. Por lo demás, una poética filosófico-teológica tendría que ser revisada en cada época; y al igual que la teología y filosofía tendería, probablemente, a hacerse cada vez más difícil.

Reinhold Schneider ha dicho, poco antes de su muerte, que no podía cesar de preguntar por la esencia de la

---

[26] Christiane Osann, *Rainer Maria Rilke* (Zürich, Leipzig, 1941), 7.

poesía, pero que estaba experimentando «cómo cada año se hacía más difícil encontrar la respuesta»[27]. Si bien es imposible debatir aquí esta cuestión, si tiene que constar en este punto de nuestra interpretación del *Fedro* que: pese al estudio científico analítico de la poesía al que estamos acostumbrados, pese al preponderante influjo de una manifiesta pseudopoesía (que aparece ya como artística literaria, ya como propaganda política comprometida o como "pasatiempo"), pese a toda la desilusión con que nos hemos acostumbrado a considerar figuras como Brecht o Benn, en nuestra concepción espontánea de la poesía persiste no obstante *un* elemento todavía intacto que se inclina claramente del lado de la tesis platónica. Este elemento, que es, al parecer, inmune a todos los fenómenos de degeneración y que ninguna crítica analítica es capaz de borrar, se impone siempre de nuevo en medio del estudio reflectivo de la poesía y hasta como su resultado. Pero justo este hecho necesita ser recordado, a fin de que, cediendo a nuestro primer impulso, no tomemos el pensamiento platónico en su aspecto histórico para volverlo a olvidar.

Por supuesto que en poetas como Novalis y Hölderlin podemos encontrar cientos de confirmaciones para esta tesis, pero justo por ella, por ser tan natural, no se aludirá expresamente a ellos. No obstante, vale la pena recordar la poco romántica precisión de la siguiente frase de las *Notas para Antígona,* de Hölderlin: «Es un gran recurso del alma que actúa en secreto, que en estado altamente consciente se sustraiga a la conciencia». Pero más

---

[27] *Soll die Dichtung das Leben bessern?* (Wiesbaden, 1956), 27.

asombroso es todavía, cuando un pensador tan sobrio como Lessing dice de su propia producción, que se le hace demasiado honor tomándola por poesía y a él mismo por poeta: «Yo no siento en mí el manantial vivo»[28]. De modo parecido ha hablado, como se sabe, el circunspecto Adalbert Stifter: «Nunca he tenido mis escritos por poesía», y nunca se atreverá «a tenerlos por tales; poetas hay muy pocos en el mundo»[29]. El grandioso realismo de Goethe va más allá de tales caracterizaciones negativas. En él se dan fórmulas platónicas: «el poeta está verdaderamente fuera de su juicio»[30]; debe «reconocer, si quiere ser modesto, que su estado semeja totalmente a un sueño despierto, y en el fondo confieso que muchas cosas me parecen un sueño»[31]. Y como «los requisitos fundamentales de la verdadera poesía» nombra «naturaleza incontenible, inclinación insuperable, pasión estimulante»[32]. ¿Qué es el conjunto de todo esto, sino una transcripción de la *mania* poética de que habla Platón en el *Fedro*? Pero no es absolutamente necesario regresar al pasado. También un poeta como Gottfried Benn, que, como es bien sabido, amaba destruir todo nimbo romántico con mano dura y dicción berlinesa («una poesía surge muy raramente, una poesía se hace»[33]). También Benn tiene plena conciencia de que la coacción en el proceso del acto poético

---

[28] *Hamburgische Dramaturgie* (101-104. Stück); 19 abril 1768.

[29] Prólogo a *Bunte Steine*.

[30] A F. W. *Riemer* (1803-1813, Insel-Verlag 1921), 334.

[31] A Chr. G. D. Nees VON ESENBECK, 23 de julio de 1820.

[32] A W. v. RUMOHR, 28 de septiembre de 1807.

[33] G. BENN, *Probleme der Lyrik*. En: *Essays, Reden, Vorträge* (Wiesbaden, 1959), 495.

no puede ser evitada ni dirigida racionalmente. Y, pese a muchas declaraciones expresamente opuestas, se encuentra también en él, llamado por su nombre, el elemento de la *theia mania,* del estar-fuera-de-sí, de origen (por lo menos) sobrehumano: «La esencia de la poesía es perfección y fascinación»; «yo no afirmo que sea una perfección a partir de sí misma»[34]. Suena grotescamente, cuando Max Rychner en su comentario a las *Cartas Escogidas* de Gottfried Benn dice: «...su paseo vespertino por la baja soledad animada de las tabernas tenía por meta la conjuración en la cual el abstraído en sí se transformaba en místico, su vaso de cerveza en cáliz de sacrificio»[35]. Y no obstante la tengo por una descripción, probablemente acertada de la realidad interior.

¿QUIÉN ES EL POETA?

Pero antes que nada hay que hacer referencia a una exposición crítico-analítica, recientemente hecha, en la cual aparece de modo totalmente inesperado la tesis platónica de la *theia mania* del poeta. Me refiero al discurso del germanista Wolfgang Kayser: «¿Quién narra la novela?»[36]. La pregunta ataca al verdadero sujeto poético de la novela. La respuesta, elaborada en un análisis diferenciado de la estructura, es en un principio negativa: «El narrador no es el autor». Con "autor" se alude al individuo histórico, cuyo nombre se encuentra en la portada y sobre cuyos datos personales nos informa el Calendario Literario

---

[34] *Soll die Dichtung das Leben bessern?,* 20, 16.
[35] (Wiesbaden, 1957), 327.
[36] *Die Neue Rundschau,* 68. Jg. (1957).

Kürschner. «El autor, dice Wolfgang Kayser, no es, pues, el auténtico narrador de la novela. Sino ¿quién? Alguien que con una capacidad más que humana mira lo pasado como presente»[37]; «alguien que sabe... que nos revela el orden duradero del mundo»[38]; «el narrador sabe lo que está reservado a Dios y a los dioses»[39]. Aunque este resultado, tan exacta y limpiamente obtenido, parte de la novela, o sea, de una forma poéticamente no "pura", y aunque Kayser no lo valora plenamente, posiblemente por temor a tropezar con categorías demasiado teológicas: se pronuncia aquí algo que fuerza el confrontamiento con la tesis platónica. Además, todos conocemos la siguiente experiencia: en el mismo momento en que, en una obra de Gottfried Benn, Franz Kafka o Georges Bernanos, experimentamos y nos sentimos conmovidos por la voz de la verdadera poesía, sabemos que *no* son el dermatólogo berlinés *ni* los dos agentes de seguros Kafka y Bernanos, a quienes atribuimos cualquier autoridad. La arcaica cita retórica «como dice el poeta» no va tan descaminada. Por supuesto: ¿Quién puede ser el poeta, sino el dermatólogo Dr. Benn? Naturalmente que no nos prestaremos a hablar de una voz *divina* que se haga perceptible a través del poeta. Pero ¿seríamos justos si pretendiésemos afirmar que la fuerza de conmoción de toda gran poesía no tiene conexión alguna con la última razón divina del mundo que todo lo abarca? Esta es justamente la pregunta que la palabra platónica de la *mania* divina del poeta nos insta a considerar.

---

[37] *Ibid.*, 453.
[38] *Ibid.*, 455.
[39] *Ibid.*, 456.

6.
LA CONMOCIÓN ERÓTICA

La verdadera riqueza vital solo se alcanza
en el "no-estar-en-sí-mismo"

Aunque Sócrates parece haberse apartado irremediablemente del tema inicial, *eros*, del único que parecía interesar a *Fedro*; aunque parece hablar de algo totalmente alejado, de la inspiración reveladora, de la catarsis salvadora, que nos puede ser dada en el sueño y en la *metanoia*, de la poesía y del estado poético del alma, no obstante, la referencia lógica al punto de partida, al tema *eros*, es totalmente clara y segura. El sentido de lo dicho hasta aquí podría ser formulado como sigue: reprocháis al amante "no estar en sí". Pero *si* esto fuese un reproche, no solo afectaría al amante. ¿Os dais cuenta de todo lo que del círculo de la existencia humana sería suprimido en caso de hacer valer este reproche? Suprimida sería, por ejemplo, la inspiración reveladora, pues el hombre que de ella participa "no está en sí"; pero no es para él solo, sino para toda la humanidad, para quien le es participado algo que no podría ser alcanzado por ninguna actividad del espíritu consciente, del espíritu que está dentro de sí. Suprimida sería la salvación del alma, pues solo quien abandona el autocontrol reflectivo y la autarquía y quien sabe no "estar en sí" es capaz de experimentar una tal salvación y purificación. Y tampoco el poeta "está en sí", pero grande y auténtica poesía no nace de otro modo. Quien reconozca, pues, que todo esto: el abrirse a la palabra de Dios, la liberadora y purificadora conversión del espíritu, la *metanoia,* la conmoción a través del poder racionalmente incomprensible e incontrolable de las fuerzas poéticas, quien reconozca que todas estas cosas componen la verdadera riqueza del hombre, habrá dicho con ello que *mania,* estar-fuera-de-sí, entusiasmo, no solo no contradicen la dignidad del ser humano, sino que pertenecen a una existencia auténticamente humana. Se habrá opuesto a la sensatez aparente del "técnico de la vida" que sonríe con superioridad sobre el entusiasmo y solo está preocupado en satisfacer las necesidades humanas, tanto las de naturaleza económica, como naturales o "espirituales", de un modo exitoso, cómodo y asegurado contra la imprevisible.

Son cosas de extrema actualidad las que se están discutiendo aquí. Para cerciorarnos nos basta con considerar, dentro del horizonte de nuestras posibilidades, el tipo de hombre que surge ahora y que dice: no necesitamos testimonios sobrehumanos; tomamos bajo nuestra propia dirección la purificación de las cargas espirituales; y las "artes" que no sirven al dominio político y técnico del mundo son indeseables. Siempre es, pues, conveniente, y más aún en nuestro tiempo, un remozamiento de la argumentación socrática. Siempre es necesario proteger aquellos ámbitos de la existencia donde ubican la teología y las artes, y también la purificación del alma, solo alcanzable por medio del no-querer-tener-razón. Hay que defender todo esto incansablemente por medio de un esfuerzo ejemplarizador ininterrumpido contra el intento, quizá habría que decir contra la tentación, de imponer el poderío del hombre que dispone soberanamente sobre sí mismo y sobre el mundo, al precio de perder su verdadera riqueza, que, como revelación, salvación, *catarsis* y conmoción liberadora, no se puede alcanzar sino en el no- estar-en sí, en la *mania*.

LA CUARTA FORMA DE LA *THEIA MANIA*: LA CONMOCIÓN ERÓTICA

Este es el punto en el que Sócrates anuda la exposición hecha hasta aquí con el tema inicial, *eros*. Habría primero que demostrar, dice, que al hombre no le está destinado ni experimenta, o al menos no *puede* experimentar, en la conmoción erótica algo asimismo saludable, enriquecedor, o sea, divino.

Con estas palabras ha sido formulada la tesis propia de Platón. Ella no dice que cualquier enamoramiento de Juan y Margarita tenga que ser *eo ipso* un don de los dioses; pero sí que en toda conmoción erótica hay algo alcanzable, asequible y destinado al hombre, que sobrepasa infinitamente su significado primario. Sin embargo, para esta participación hay que cumplir con la condición previa de aceptar y conservar *puro* el impulso recibido en la conmoción. Las posibilidades de corrupción, de falseamiento, de camuflaje, de enmascaramiento, de pseudorrealización están peligrosamente cercanas, exactamente igual que en el caso de la *mania* profética, catártica y poética. Mucho peor que la negación rotunda es el falso sí, cuando la *apariencia* de conmoción se yergue engañosa, engañando quizá a la misma conciencia de que es un arrebato de la belleza, cuando de hecho no se trata sino de un deseo de placer calculador y completamente inconmovible. Aun así, esta es la opinión de Platón, al que verdaderamente ama le sigue estando destinado un don, comparable al que recibe el hombre en la revelación divina, en la *catarsis,* en la inspiración poética. Goethe, después de haber hablado en *Poesía y verdad* de sus experiencias eróticas, dice lo mismo: «Las auténticas inclinaciones amorosas de una juventud pura, toman una orientación totalmente espiritual. Y de este modo se me abrió también a mi un nuevo mundo de lo bello y exquisito a la vista de esta joven y a causa de mi inclinación hacia ella»[1]. ¡Malo, cuando el deseo precede y ahoga la conmoción erótica! «En cuanto la concupiscencia se mezcla, el amor no puede exigir duración», dice André Gide en su *Diario*[2]. Mostrar esto es el sentido de todo el discurso, del cual ha sido dicho ya en un principio que a los sabios les podrá parecer convincente, pero será inverosímil para los «hábiles». En griego se encuentra aquí la palabra *deinós,* que según informan los diccionarios es tanto «terrible, horrible, grandioso,

---

[1] Parte I, libro 5.
[2] A. GIDE, *Diario 1889-1939,* II (Stuttgart, 1951), 407.

como poderoso, hábil, desacostumbrado». Se alude manifiestamente a algo que es al mismo tiempo admirable, asombroso y terrible; y esto puede ser dicho con razón de la «razón de los eruditos». A estos, pues, dice Sócrates, les parecerá increíble que al verdadero amante le sea destinado y concedido un don divino en su no-estar-en-sí.

NATURALEZA Y DESTINO DEL ALMA

Y entonces empieza a discurrir de nuevo Sócrates y el tema *eros* parece desaparecer irremisiblemente. «Antes —dice— tenemos que conocer la verdad sobre la naturaleza del alma, tanto de la divina como de la humana, y tanto sobre sus experiencias como sobre sus obras». Asimismo ha empezado ya alguien un discurso, Aristófanes en el *Banquete* platónico: Antes, es decir, antes de que digáis algo decisivo sobre *eros*, tenéis que conocer la naturaleza del hombre y sus experiencias (*pathémata*); antes hay que hablar de los *destinos* del alma (189 d). De modo más sencillo, rápido, "barato" no se puede alcanzar ese conocimiento del *eros* que tanto os interesa al parecer.

¿Qué ocurre, pues, con la naturaleza y los destinos del alma, «del alma divina como de la humana»? Estas palabras contradicen aparentemente nuestra comprensión del concepto alma. Y de hecho se demostrará en seguida que Platón *no* habla de lo que *nosotros* entendemos por alma. Con "nosotros" aludimos aquí a quienes, siguiendo la recepción aristotélica del siglo XIII, entienden por alma lo que configura al cuerpo desde dentro, la *forma corporis;* es decir, algo que solo se puede dar en el ámbito del ser *corporal*. "Alma divina" es, visto así, una palabra sin sentido. Pero, ¿a qué se hace referencia aquí, ya que no creemos capaz a Platón de un discurso sin sentido? Se refiere a aquella singularidad común al alma humana y a Dios: la naturaleza espiritual que tiene el modo de ser de *psyché,* aliento, respiración. Cuando hablamos con énfasis de lo "psíquico", de "espiritualidad", o del carácter "pneumático" del espíritu, no hacemos sino repetir siempre de nuevo "aliento" y "respiración". Se refiere, pues, al ser de la respiración que es al mismo tiempo inmaterial y vivificador. Hay que considerar, dice Sócrates, *esta* naturaleza del espíritu tanto humano como divino, a fin de poder comprender qué relación existe entre *eros* y el don que le está destinado al hombre a través de él.

Inmortalidad

«El principio de la reflexión es este: todo ser espiritual es inmortal». No queremos, y no podemos, interpretar aquí en detalle la argumentación de la inmortalidad del ser espiritual. Pero hay algo que estamos acostumbrados a malentender y por tanto hablaremos de ello. Se trata de que la representación platónica de inmortalidad no solo se extiende al futuro, sino también al *pasado.* El espíritu no es solo inmortal, él es también agenético, *agénetos.* En ningún sitio lo ha expresado Platón tan claramente como en el diálogo *Fedro.* Solemos dejar de lado esta idea platónica basada en el pensamiento de la existencia prenatal del alma como algo indiscutible, algo irrealizable y extraño, algo irreconciliable con la idea cristiana occidental del alma humana. ¿Pero la doctrina cristiana no le da en el fondo la razón a este pensamiento platónico? También nosotros pensamos el alma espiritual, como algo que verdaderamente no "deviene". Cuando decimos que el alma, como todo ser espiritual que entra en la existencia, es "creada" *inmediatamente, ¿*no significa esto que el alma no "surge" como todo lo demás que crece y se desarrolla? No existe ninguna "génesis" del alma espiritual. Esta tesis, extremadamente actual por lo demás, no solo está muy próxima de la idea platónica, sino que dice manifiestamente lo mismo que dice Platón. No es un interés de actualización violenta el móvil de esta exposición; pretendemos, antes bien, hacer difícil que el lector de Platón tome estas obras didácticas tantas veces oídas como algo solo históricamente interesante, que ya no nos afecta en serio. La grandeza de Platón se demuestra justamente en que sus ideas continúan siendo vigentes aun cuando su forma de expresión se ha hecho problemática. Nos siguen concerniendo, y no estamos en condiciones de reemplazarlas por, sencillamente, "mejores" ideas.

El ser alado. «Regir la totalidad del cosmos»

Todo lo expuesto es igualmente válido para lo que se sigue diciendo sobre el alma, por ejemplo, que como dotada de alas rige todo el cosmos. Kurt Hildebrandt[3] ha hecho notar, con razón, que Platón se remonta aquí a la concepción presocrática del mundo, apartándose con ello cada vez más de nosotros y, puede parecer así, desembocando en una mentalidad que nadie puede pretender realicemos. ¿Qué puede interesarnos el fragmento de

---

[3] *Platons Phaidros,* 47.

Anaxímenes: «como el alma, que es aire, nos habita, así la respiración y el aire habitan el cosmos entero»[4]. Por supuesto, si se tratase del aire en tanto fenómeno atmosférico no nos concernería en absoluto. Pero yo no me dejaré convencer jamás de que este antiguo texto no alude conjuntamente, quizá hasta *en primer lugar*, a algo estrechamente emparentado con el texto igualmente antiguo del aliento del espíritu que llena el orbe: *Spiritus Domini replevit orbem terrarum* (Weish 1, 7). Pero esta tesis de que la realidad total es la morada del espíritu no ha sido nunca un atributo exclusivo del espíritu *divino*, parece como si no pudiésemos comprender y describir al "espíritu" finito sino como un ser a cuya naturaleza pertenece, igualmente, existir referido a la realidad total. Tener espíritu significa: estar referido a *todo* lo que existe; «regir todo el cosmos».

Mas quien no reflexione sobre todo esto, así dice Sócrates en el *Fedro*, no puede comprender lo que realmente pasa en la conmoción erótica. Hasta que no se haya comprendido y "realizado" que es el amante terrestre en persona el conmovido en su encuentro con la belleza, en su encuentro, por tanto, con algo terrenal, corporal, sensorial; hasta que no se piense y considere que el, en tal medida, conmovido se eleva en lo que él es sobre las dimensiones del aquí y del ahora y que, incongénito e imperecedero, solo puede saciarse con nada menos que la *totalidad,* el *totum,* en ser, verdad, bondad, belleza —hasta entonces es sencillamente imposible aprehender lo que es en realidad *eros*; hasta entonces no se tiene ninguna

---

[4] Fragment Nr. 2 (H. Diels I), 95.

posibilidad de presentir, y ya no digamos conocer, la conmoción erótica—. Alguien podría decir que se trata de nuevo de una idealización "platónica típica". Sin embargo, no es sino una descripción absolutamente realista de lo que verdaderamente *es* el espíritu.

Discurso metafórico como forma de la limitación consciente

Platón no pretende, además, decir de modo definitivo y accesible lo que es la esencia del espíritu; antes bien, reconoce sin rodeos que le es imposible. Serían necesarias, dice, palabras *divinas* para poder expresar lo que es la «idea del alma». En todas partes rige: únicamente quien conoce la "idea", es decir, el bosquejo de una realidad, conoce esta realidad plenamente; únicamente quien conoce la "idea" de una cosa, conoce esta cosa tan intensamente como *puede* ser conocida; él, únicamente, "comprende" la cosa en sentido estricto ("comprender" significa: reconocer una cosa en la medida en que es reconocible[5]). Pero justamente esto no corresponde al conocimiento humano. Solo Dios conoce, pues, la esencia del espíritu. Pero hay otra cosa —dice el *Fedro*— al alcance de la palabra humana: decir en lenguaje alegórico a quién se *parece* el alma. Y entonces sigue la famosa metáfora platónica del tiro del alma: «Déjanos, pues, hablar en este lenguaje (humano): comparemos el alma con las fuerzas de un tiro alado y su cochero».

---

[5] Tomás de Aquino, *Comentario al Evang. de San Juan* I, II.

En este punto se hace necesaria una nueva aclaración sobre el "estilo" platónico. Si se considera el metaforismo del lenguaje filosófico, tan característico para Platón, bajo el punto de vista de la "verdad", es decir, de la ordenación al objeto, se muestra entonces que este metaforismo *no* proviene de una despreocupación "poética" respecto de la apreciación exacta de la realidad, *no* de un desenfreno de la fantasía creadora de símiles; sino que, antes bien, es comprendido por Platón, explícitamente, como una forma de modestia, como recurso de urgencia, como consecuencia de un fallo. No nos es dado poder hablar de objetos como alma, dios, divinidad con la pretensión de una caracterización directa. Esto hace asimismo comprensible el intento de esclarecer un mismo tema por medio de *varias* analogías; este intento, característico de Platón, no significa únicamente que un tema es difícilmente o imposible de concebir en expresión directa y ametafórica, sino que ninguna metáfora es por sí sola suficiente, ninguna absolutamente acertada.

SÍMIL Y MITO

Queda todavía por hacer una segunda reflexión de principio: la metáfora que sigue sobre la naturaleza y destino del alma espiritual humana ha sido designada como «el *mito* del alma del diálogo Fedro»[6]. Según creo, *no* está en mano de cada uno interpretar a su modo el concepto "mito". "Mito" es en sentido estricto una historia que se desarrolla entre la esfera divina y la humana, que no es la

---

[6] Cf. especialmente K. HILDEBRANDT, *Platons Phaidros*, 57.

invención del narrador en cuestión, sino que, antes bien, él reproduce como algo heredado. La narración de un mito auténtico no empieza nunca como el discurso alegórico del *Fedro*; empieza con las palabras: *pálai légetai*, «ha sido dicho de antiguo...».

LA CAÍDA DEL ALMA

Más importante es, sin embargo, el *contenido* de la alegoría. Quizá creemos conocerlo completamente: el cochero que trata de dominar un tiro desigual; un caballo noble y domable, el otro reacio y salvaje; la discrepancia entre espíritu y sensualidad, etc. Resulta ya un poco aburrido, tantas veces lo hemos escuchado. Y ello es comprensible, pero no cierto. En esta alegoría no se habla en ninguna parte de la "discrepancia entre espíritu y sensualidad", no se menciona en absoluto lo que en todas partes es tenido como la doctrina platónica, de que la miseria del hombre proviene de su corporalidad. En rigor la alegoría del tiro del alma no versa sobre el hombre. El tema del discurso es la naturaleza del *espíritu* humano. Esto significa que, según Platón, la posibilidad de degeneración y caída yace en la estructura del espíritu humano, finito. El hombre *no* tiende y es capaz de lo malo primordialmente por razón de su corporalidad y sensualidad. ¿Sino por razón de qué? Platón no da una respuesta explícita a esta pregunta, a no ser la de que el espíritu humano por razón de su no-divinidad, de su limitación, es susceptible al mal, *ante* todas las tentaciones a través del canto de las sirenas del mundo sensorial. «Que la voluntad es dúctil para el mal, esto le es propio... en razón de su origen de la nada»; esta

103

frase no viene de Platón, sino de las *Quaestiones disputatae de veritate* de santo Tomás[7], quien expresa en este punto la opinión de Platón (si bien santo Tomás nunca estaría de acuerdo con Platón en lo siguiente: que el ser humano *en persona,* o sea el hombre real, ha surgido de una *caída* del ser espiritual puro y sin mezcla). Según Platón, el alma del hombre concreto, real y corporal, es un espíritu puro caído, arrojado, y en consecuencia, que el surgimiento del hombre mismo se debe a una culpa que *no debía haber sido.* Para una mejor comprensión de esta tesis se nos remite a la "teología órfica" como el lugar de origen de tales ideas; o bien se nos enseña que el gran teólogo precristiano Orígenes había interpretado la corporeidad de todo el mundo material a partir de la caída de los espíritus angélicos rebeldes. Todo esto nos aparece bien alejado de lo que llamamos "mentalidad moderna". No obstante, hay que preguntar si las ideas fundamentales que expresa Platón por medio de sus alegorías no se repiten *siempre de nuevo* en la historia del pensamiento. De Descartes se ha dicho, con mucha razón[8], que en todas sus declaraciones sobre el alma humana parte del supuesto de que el alma es un "espíritu angélico", "puro", unido accidentalmente al cuerpo. Desgraciadamente no podemos extendernos aquí sobre esta cuestión.

NOSTALGIA Y RECUERDO

En todo caso, dice Sócrates, quien pretenda comprender algo del *eros* tiene que considerar el destino fijado en

---

[7] *Ver.* 22, 6 ad 3.
[8] J. MARITAIN, *Trois Réformateurs* (París, 1925), 75 s.

el principio al alma. El alma rige todo el cosmos; pero cuando ha perdido sus alas entonces se deja llevar hasta que encuentra algo sólido a que sujetarse, donde establecer su morada: de este modo toma un cuerpo terrestre que parece moverse por su propia fuerza; y el todo, este conjunto de cuerpo y alma, es llamado un ser viviente y su sobrenombre es "mortal". Por muy falso que tengamos lo expresado con esta metáfora, se nombra en ella un elemento de la existencia humana, que sería muy difícilmente nombrable de *otro modo*. Me refiero al elemento de la "nostalgia" y del "recuerdo" del origen. Al espíritu preocupado por la autárquica disponibilidad sobre sí mismo y por el dominio del mundo le son ambos elementos en igual medida extraños. Y, sin embargo, nos sabemos en nuestro derecho al sentirnos extranjeros en la tierra.

"Nostalgia" y "recuerdo" tienden hacia el estado originario del hombre, que aparece conjuntamente como el verdadero principio y fin de la existencia. Hay algo que debiéramos entresacar del laberinto de las alegorías platónicas para tenerlo en cuenta: la imagen de la vida perfecta, que era en el principio y que será de nuevo en el fin. El alma es un ser alado (y esta idea de "vuelo como liberación" y la de que el bien está *arriba* no pueden ser oprimidas ni nos podemos sentir privados de ellas; estas ideas parecen indestructibles durante el sueño). No es necesario precisar que con las alas del alma no se alude a nada, psicológico o técnico; sino a que el alma posee la fuerza para ascender las regiones de los dioses. La fuerza de la ascensión se alimenta, empero, de la proximidad de lo divino, que es bello, y sabio y bueno. La vida bienaventurada de los dioses es descrita como una cohorte que atraviesa el cielo y cuya meta es un gran banquete. Y el alma humana participa en ambos, tanto en la cohorte como en el festín. Pero este festín y la saciedad, el comer y el beber se realizan con la mirada. Y lo que se contempla en esta región supraceleste, en la espalda misma de la bóveda celeste, es el ser verdadero, sin color, sin figura, impalpable, real. El alma se regocija en ello; se alimenta con la vista de lo verdadero, y se siente bien.

Esto es lo que recuerda y añora el alma caída en el mundo corporal humano a causa de la maldad y el olvido. Cierto que no es siempre el caso de *todas* las almas. Las hay que se mantienen libres y que son, por tanto, capaces de recordar. Pero el recuerdo no tiene lugar de ningún otro modo que olvidando, el hombre, los negocios comúnmente interesantes de todos los días, de modo que salga del «mundo del trabajo». Este salir pasa por locura para los más; «pero que es un entusiasmo de Dios, esto queda oculto a los más».

Y entonces empieza por fin la disertación sobre el *Eros*. *Una* figura de este extático *enthousiasmós* es la conmoción por la belleza, la *mania* erótica. Pero la frase no recibe pleno sentido hasta que se ve su reverso: el amor solo es lo que puede ser y solo realiza sus propias posibilidades cuando despierta el recuerdo o, antes bien, cuando *es,* él mismo, recuerdo de algo que sobrepasa cualquier satisfacción posible en lo finito.

La conmoción erótica tiene lugar en el encuentro con la *belleza* sensorial. Belleza, belleza terrestre, en la medida en que el hombre abre sus sentidos a ella, le afecta y le conmueve más que ningún otro valor, y es más susceptible de arrojarle de la región de lo acostumbrado y abarcable, del «mundo interpretado» en el cual (como dice Rilke[9]) puede sentirse muy amparado. El testimonio del lenguaje habitual confirma que "arrebatador" es ante todo lo bello. Pero "arrebatado" está quien, sea solo por un momento, haya perdido la tranquila seguridad de la autoposesión. Entonces se está "movido" por otra cosa; se es un ser sufriente. Platón ha descrito una y otra vez este estado de la pérdida de la adaptación inmediata y del autodominio: querer echar a volar y no poder; estar-fuera-de-sí y no saber lo que le pasa a uno; fermentación, inquietud, desamparo. También se dan en él símiles bien poco poéticos; Sócrates habla, por ejemplo, en el *Fedro* del malestar de quien se encuentra en el período de la dentición. Los amantes no saben lo que quieren uno de otro, se puede leer en el discurso de Aristófanes al principio del *Banquete*; cierto es que las dos almas desean otra cosa (que el placer del amor); pero eso otro no sabe expresarlo el alma; «ella solo presiente lo que verdaderamente desea y se habla a sí misma de ello en enigmas» (192 c-d).

LO MÁS AMADO Y LO QUE MÁS CONMUEVE: LA BELLEZA

En este punto se evidencia algo importante: la diferencia entre *deseo* y *amor*. El que desea sabe exactamente lo que quiere; es en el fondo un calculador que ve con absoluta claridad y está en sí mismo. Pero desear no es amar; en rigor no es amado quien es deseado, sino aquel para quien se desea algo. Pero el que ama sin desear no "hace" algo o "pone algo en movimiento", él mismo *es* el movido por

---

[9] *Primera elegía del Duino.*

la vista del amado. Como lectores ilustrados y tardíos de Platón, estamos siempre demasiado tentados a encontrar tales palabras como romantizantes, exaltadas y nada realistas. Sin embargo, yo lo tengo por engañoso. Platón habla de modo totalmente objetivo; él sabe que, si no todo, al menos mucho de lo que pasa por amor es deseo. Sabe que auténtico arrebato por la belleza es algo raro. Y no obstante persiste Platón en que solo en este raro caso se realiza aquello en que se basa el encuentro con la belleza. «Son solo *pocos,* los que recuerden lo sagrado, que han contemplado».

Nada como la belleza puede evocar este recuerdo de forma tan poderosa, es algo que justamente la distingue. Nada de este mundo puede compararse con ella en este poder de apuntar a algo que yace inmediatamente más allá, de lo presente, al *otro lado* del aquí. Quien haya comprendido mínimamente la concepción del mundo de Platón sabe que, según su convicción, *todo* lo real, verdadero, bueno, que encontramos en este mundo de nuestra experiencia, es *copia,* es decir, se refiere a un *modelo original* que no se puede encontrar en lo inmediato. Y por muy altas encarnaciones que encontremos de la bondad, justicia o sabiduría, de modo que no podamos menos de admirarlas y adorarlas. Tales encuentros no poseen la fuerza de conmovernos, de sacarnos de lo terrestre. Únicamente la belleza es capaz de conseguirlo; solo el encuentro con ella evoca el recuerdo y la nostalgia, de tal modo que el conmovido por ella desearía abandonar el camino que suelen seguir los hombres.

Este diferenciador de la belleza es descrito por Platón en dos planos, en el plano de la experiencia en el más allá (belleza arriba y antes) y en el plano de la existencia terrestre (belleza aquí y ahora).

La máxima perfección que Platón puede imaginar para el hombre es el encuentro con la *belleza* divina, el encuentro con la idea de lo "bueno" o del "ser". Para esclarecer esto, basta con citar un par de palabras del discurso de Diotima en el *Banquete*, palabras dirigidas, por lo demás, explícitamente a *Fedro* («Esto es, Fedro y todos los demás, lo que dijo Dio tima...»). «Llegado al final del camino, verá algo bello de naturaleza maravillosa, bello, no como un rostro, o unas manos o cualquier cosa corpórea; sino lo originariamente bello, eternamente, identificado consigo mismo y para sí mismo. ¿Estás seguro que le estará reservado entonces un amado de los dioses...?» (211-212), y el diálogo *Fedro* dice así: «una vez» (esta palabra significa según su uso tanto el pasado, el pasado de los primeros tiempos, como el futuro, el futuro del fin de los tiempos); «una vez, que siguiendo a Zeus, en feliz cohorte, divisamos el rostro y espectáculo bienaventurados y fuimos consagrados en la solemnidad llamada la más bienaventurada según el derecho eterno... entonces se podía ver resplandecer la *belleza*».

También en el plano de la existencia terrestre es la belleza algo incomparablemente especial. Es lo más visible; percibimos la belleza con el más ligero de nuestros sentidos, con la vista. *Pulchrum est quod visu placet,* bello es lo que place al *vidente:* es un dictamen unánime, ni el olor ni el sabor, ni siquiera algo oído, puede ser en rigor "bello". Y nada espiritual es tan directamente perceptible por la vista. La sabiduría, por ejemplo, no se puede "ver". Si fuese posible, añade Platón, la sabiduría nos aparecería tan visible ante los ojos como la belleza; «entonces se desataría un amor tremendo, un amor que haría saltar y destruiría las estructuras de nuestra vida, que nos arrebataría totalmente de la existencia terrestre». Pero ni a la sabiduría ni a nada de otro que fuese digno de amor, sino «únicamente a la belleza, ha correspondido ser al mismo tiempo lo más visible y lo más amable».

Platón no cree, sin embargo, de ninguna manera que sucede *de por sí* y siempre o, ni siquiera generalmente, el que la belleza conmueva de este modo al hombre; sabe muy bien que puede asimismo despertar un deseo egoísta e irrespetuoso. Únicamente quien *deja* revivir el recuerdo es conmovido. Como una lluvia que penetrase por los ojos deja entonces la belleza que crezcan las evoluciones del alma, las evoluciones del ascenso a la región de los dioses de donde procede el alma. Y significa, según la opinión del Sócrates platónico, experimentar y realizar la verdadera esencia del *eros*. Los dioses llaman por eso a *Eros* no el alado, sino el que proporciona alas —dice aquí Platón citando un verso antiguo—.

«LO BELLO NO EN CUANTO CUMPLIMIENTO, SINO EN CUANTO PROMESA» (GOETHE)

Lo auténtico de la belleza no radicaría, pues, si es esto cierto, en darnos satisfacción, como algo que nos contente, ni aunque fuese del modo más espiritual posible. Goethe, es suficientemente sorprendente que sea él, ha resumido este pensamiento platónico en una sentencia de grandiosa concisión: «Lo bello no es tan operante como prometedor»[10]. Esto quiere decir: cuando recibimos la belleza rectamente no experimentamos tanta saciedad, contentamiento y placer, sino mucho más la provocación de una espera; nos encontramos inducidos a algo todavía no presente. Quien deja que el encuentro con la belleza se realice de modo adecuado no percibirá y participará de una plenitud, sino de una *promesa,* que posiblemente no *llegue* a cumplirse en el ámbito de la existencia corporal. Esta frase última es casi una cita, que proviene de la obra de Paul Claudel: La mujer es «la promesa, que no puede ser cumplida; justo en ello radica mi gracia»[11]. Tanto estas palabras de Claudel como las de Goethe reproducen, a mi parecer con bastante exactitud, el pensamiento de Platón, que dice que la conmoción erótica en el encuentro con la belleza es una forma de la *theia mania,* del estar-fuera-de-sí divino, en la medida en que el acontecimiento que tiene lugar *no* es "contentamiento", *no* es aclimatarse en el aquí, sino apertura de la región interior de la existencia a una saciedad infinita que no se puede tener aquí, a no ser en la forma de la nostalgia y el recuerdo. El que, a la vista de la belleza terrenal, recuerda la verdadera belleza le crecen las alas..., y de este modo el que verdaderamente ama vuelve a la comunidad de los dioses *antes* del término del exilio infligido.

---

[10] *Campagne in Frankreich;* en "Münster" (diciembre 1792).
[11] P. CLAUDEL, *La ciudad,* final del tercer acto.

Lo que se dice sobre los amantes vale también para los *filósofos*. Sobre esta asociación, a primera vista algo enigmática, que también se encuentra en el *Banquete* (204) no podemos extendemos más aquí. En todo caso tiene que quedar bien patente que Platón no piensa en algo indiferenciado, poético, sino que, por el contrario, se refiere a algo muy preciso. Filósofos y amantes tienen en común que tanto en la conmoción erótica como en el auténtico cuestionar filosófico se pone algo en movimiento que ya no puede pararse en lo finito. En el encuentro con la belleza erótica, en la medida en que se abre el hombre a lo que le viene al encuentro, se despierta una pasión, que no puede ser apagada con lo sensual, es decir, por el modo, en apariencia, adecuado. Igualmente el primer asombro filosófico (¿qué es esto: algo real?) despierta una cuestión a la que no es posible contestar en lo finito, y esto quiere decir, por ejemplo, "científicamente". El filósofo y el verdadero amante son insaciables, a no ser que les sea dispensada una saciedad divina.

Quien considere en retrospectiva la quintaesencia de lo expuesto hasta aquí dirá, quizá, que se trata de una concepción ciertamente grandiosa, pero muy "ideal" y poco acertada de la realidad del hombre real. Todo depende de lo que se comprenda por "realidad" y "hombre real". El realismo brutal del punto de partida, el nivel de las categorías de "éxito en el amor" o "higiene espiritual de la satisfacción de los instintos", va sin duda alguna demasiado lejos, esto está claro. Este punto de partida ha sido entretanto casi olvidado, al igual que ha sido olvidada la limitación inicial al terreno del amor a los jóvenes. Pero Platón se negaría, como es natural, a tener el amor del que verdaderamente ama por algo menos real que el deseo orientado hacia el drástico éxito de su satisfacción.

Por lo demás, tampoco Platón expone "pretensiones". Describe únicamente una posibilidad. Y esta es sin duda su opinión: en la conmoción erótica recibida y sostenida, y probablemente de ningún otro modo, le es *posible* al hombre percibir aquella promesa que tiende a una saciedad que puede proporcionar más felicidad que cualquier satisfacción por lo sensual. Y esta tesis es sostenida con la misma convicción en el *Fedro* platónico: solo de este modo se realiza el profundo sentido del *eros*, lo que verdaderamente significa.

Además, el final del discurso socrático muestra que poco peligro corre Platón de caer en un idealismo extraño a la vida. Este final es tan asombroso que un hombre como Wilamowitz no se cansa de admirarlo. Este final, dice, es una contradicción a toda la doctrina platónica[12].

FORMAS Y DEFORMACIONES DEL *EROS*

Una consideración exacta del texto da como resultado que Sócrates (Platón) habla de *cuatro* formas distintas, o deformaciones, del *eros*, que conocemos por la experiencia. En *primer lugar*, nombra la brutalidad de los más, que solo quieren el placer en el más crudo sentido de la palabra. ¡Ni huella de un falseamiento romántico de la realidad! En *segundo* término, se habla de la

---

[12] *Platon,* 369.

cultivada sensualidad de la técnica racional de vida, que de hecho quiere igualmente placer. Lo *tercero* es el *eros* que renuncia al placer, la realización heroica y la figura más bienaventurada del amor. El que ama de este modo abandona a su muerte, «alado y ligero», esta vida terrestre; es capaz de ascender en seguida a la región divina y de participar de nuevo en el cortejo celeste y en el gran banquete de los dioses. Lo más asombroso de este discurso socrático me parece, sin embargo, lo dicho sobre la *cuarta* forma del *eros*. Y también a ello se refiere especialmente el asombro de Wilamowitz. Sócrates habla del amor *no* totalmente continente, pero que tampoco es exclusivamente deseo, sino pasión auténtica, arrebato, entrega, oferta, conmoción *no* calculada. Un premio final no menos valioso, dice, obtendrán los que así amen, a causa del olvido de sí mismos; su alma abandonará el cuerpo a su muerte con evoluciones, si no perfectas al menos incipientes. Y porque había ya puesto el pie en el camino del cielo, no caerá en las tinieblas. Esto está claro, visto *escatológicamente;* se habla de "salvación", y "salvación" es únicamente realizable donde hay verdadero amor. En la calamidad, empero, en las tinieblas será arrojada aquella circunspección, que «deparando mortalidad y estrechez solo da a luz en el alma a la vileza». «¿Dónde si no —pregunta Wilamowitz— ha mostrado Platón tanta tolerancia para con las debilidades de la carne?»[13]. Yo no creo que esta pregunta dé en el blanco. No se trata de que Platón sea indulgente con el "pecado de debilidad". Sino que se dice que esta debilidad puede ser compensada, cuando

---

[13] *Ibid.*

no transformada, por la fuerza alada del verdadero amor; esto es lo decisivo. «Las peores confusiones del corazón conservan una cierta grandeza humana y fuerzan nuestro respeto, cuando están sometidas por aquel amor apasionado que todo lo olvida, en especial los propios intereses y los propios límites»[14]. Esto no puede, sin embargo, ser interpretado, ya, como una concesión a las flaquezas humanas o a los instintos. Quiere decir antes bien, que el amor —en la medida en que es auténtico éxtasis, salida del estrecho círculo del yo encerrado en sí mismo, en la medida en que es estar-fuera-de-sí, *mania*— es capaz de remontar hasta la carga más pesada por el recuerdo de lo sagrado que contempló una vez.

---

[14] M.-A. COUTURIER, *Es ist nicht leicht, zu lieben* (Graz, 1957), 11 s.

7.
EROS Y *ÁGAPE*

Confrontamiento con lo que nosotros
mismos entendemos por verdad

Un gran autor, especialmente, cuando, bien la distancia
temporal, bien las peculiaridades culturales, le mantienen
alejado del lector solo puede convertirse en figura espiritual viva, y no meramente histórica o museal, y su mensaje será únicamente escuchado y utilizado, cuando sus
palabras y su parecer sean referidos y confrontados con
lo que cada uno tiene por verdad. Pero cuando lo dicho
concierne al sentido total del mundo o a la estructura de
la existencia humana, el lector, si pretende tomar en serio
al autor, tendrá entonces que estar dispuesto, por su parte, a poner en juego su propia convicción sobre mundo
y existencia. Solo será posible una ocupación fructífera
con el informe platónico del hombre, cuando nosotros
mismos tratemos de confrontar el pensamiento platónico

con nuestras propias posiciones últimas. De esto ya hemos hablado varias veces.

ENTRAN EN JUEGO LAS ÚLTIMAS POSICIONES. DESACUERDO REAL Y APARENTE

Por otra parte, no podemos esperar tampoco que un tal confrontamiento de lo dicho y opinado por Platón con nuestra propia verdad conduzca únicamente a confirmaciones recíprocas y a un puro acuerdo. Es antes bien muy improbable que no surjan de él profundos desacuerdos. Más, no debemos precipitamos en la comprobación de este desacuerdo. A menudo se ha puesto de manifiesto que hasta en los puntos en los que no podemos aceptar enteramente lo dicho por Platón, siempre hay un elemento de la realidad total que queda expresado y mantenido alejado del olvido a través de él y que, *sin* Platón, quizá no hubiéramos conocido.

EROS Y *ÁGAPE*

Sin embargo, hay, justamente en lo que se refiere a la teoría del *eros*, bastantes discrepancias que no pueden ser allanadas, o que lo son con dificultad. Aun dejando de lado el punto de más profunda disensión, el que puede ser designado con la palabra clave "amor a los jóvenes", es todavía, por ejemplo, discutible si el amor nacido de la belleza sensible es la forma fundamental en suma del amor. ¿No es lo que el cristiano designa por *cáritas* y *ágape* y que comprende por realización máxima del amor, algo quizá hasta *no* erótico, algo no solo distinto del *eros*, sino opuesto a él, algo que ni Platón ni el hombre precristiano podían pensar? ¿Es cierto que la conmoción por la belleza, mismo por la belleza sensible, tiene necesariamente y siempre carácter *erótico*? ¿No hay vivencias de belleza (de una flor, una columna, de una perfección espiritual encarnada en lo sensible) que son totalmente in-eróticas? Tales preguntas sobrepasan, naturalmente, una interpretación de Platón, y tampoco pueden ser aquí analizadas o expuestas exhaustivamente y ni siquiera contestadas. En primer término, no hay que olvidar que Platón, al disertar en el *Fedro* sobre el tema *eros*, *no* expone, por cierto, monológica y sistemáticamente una doctrina. Interviene en un diálogo que se desarrolla desde hace tiempo. Con anterioridad y ostensiblemente con gran éxito, es decir, con una fuerza de convicción configuradora y determinante de la vida, ha sido proclamada una tesis, la tesis aceptada y practicada por la capa intelectual de los atenienses, que dice: que *eros* es algo especialmente relacionado con el placer, y que lo que importa es combinar una medida máxima de tal placer, sin sentimentalismo y con objetividad, con un grado mínimo de riesgos y complicaciones obstaculizantes. Esta concepción se ha establecido ya como opinión vigente y dominante con un gran alarde de gestos distinguidos, y hasta de pseudoargumentos morales. No es, pues, que Platón empezase a desarrollar desde sus principios una amplia doctrina del amor humano. No, él replica, toma posiciones, trata de corregir, naturalmente a partir de un conocimiento que abarca la totalidad del ser metafísico del hombre. Trata de mostrar lo que el *eros*, en primer lugar el sensual, el *eros* que se enciende en la belleza corporal, puede ser, las posibilidades

119

de riqueza y de vida que pueden ser accesibles a través de él y, quizá, a través de él solo, siempre y cuando el hombre no lo corrompa. Y esto es justamente lo que ocurre, dice Platón, en esa técnica de vida aparentemente tan razonable, orientada hacia un placer sin complicaciones; en ella tiene lugar un engaño que priva al hombre de sus auténticas posibilidades. A partir de este supuesto, determinado en principio exclusivamente por el adversario, Platón le atribuye a la conmoción erótica, desencadenada en el encuentro con la belleza, un significado que pretende llenar casi todo el espacio de la existencia interior. A lo que, por supuesto, también se pueden oponer dudas, preguntas y objeciones.

Se puede encontrar algo improbable que, por ejemplo, la «energía del recuerdo» inmanente al *eros*, según Platón, que su fuerza alada que remonta a la región de los dioses, tenga su morada próxima de lo sensible, lo corporal, lo fisiológico. A este respecto habría que hacer constar, ante todo, que el diálogo *Fedro* rechaza, por otra parte, claramente la acumulación o identificación de *eros* y deseo. Una identificación tal no solo puede realizarse desde "abajo", no solo desde el "materialismo" del mero placer, sino también desde "arriba", desde una negación espiritualista del cuerpo, o hasta de la sensualidad: en *ambos* casos es declarado el *eros* como un simple disfraz romántico del deseo. Lo asombroso es que esta negación espiritualista del cuerpo ha pasado siempre por "platonismo", y en modo alguno solo para cualquier etiquetador precipitado, sino, por ejemplo, también para un tan gran platónico como Plotino, cuya biografía, redactada por uno de sus discípulos, Porfirio, empieza con las siguientes palabras: «Plotino ha sido de aquellos que se avergüenza de estar en el cuerpo», una concepción que, como subcorriente maniqueísta, ha sido siempre compañera de la cristiandad. Sin embargo, pese a que Platón rechaza claramente la identificación, tanto "materialista" como "espiritualista", de *eros* y deseo, es cierto que afirma plenamente la proximidad de ambos. Él insiste en que la conmoción erótica, la misma a la que él atribuye la fuerza alada conductora a la región de los dioses, posee plenamente el carácter de la passio, del arrebatamiento a través del encuentro visible, y que, por consiguiente, se origina como toda "pasión" en lo sensible y corporal. Este pensamiento platónico no solo no es extraño a la doctrina cristiana clásica, sino que tiene en ella su manifiesto equivalente, que dice, que ningún amor "espiritual" y ningún amor "religioso" puede ser una realización realmente vivaz, humana, ni a partir de la dilectio basada en la voluntad ni a partir de la cáritas basada en la gracia cuando no hay amor[1]. Pero amor es passio, ser movido por el objeto concreto del encuentro. Esto no quiere decir tampoco que el amor espiritual y el religioso sean pura "evolución" del *amor;* santo Tomás diría más bien que *dilectio* y *cáritas* son susceptibles de ordenar, purificar y salvar la *passio amoris*. Pero santo Tomás sostiene, al igual que Platón, la idea, muy difícil de hacer plausible a una conciencia cristiana infiltrada por el maniqueísmo y el espiritualismo, de que *cáritas,* en tanto acto humano, no puede ponerse en movimiento ni mantenerse viva cuando se la separa del soporte vital de la *passio amoris*. Esta tesis de la conexión entre *amor* y *cáritas,* expresada platónicamente, del enraizamiento del

___
[1] Cf. Tomás de Aquino 1-2 q. 26, a. 3.

eros en lo sensual, del mismo *eros* que anhela llevarnos como con vuelo de pájaros a la región de los dioses; esta tesis no tiene un significado puramente especulativo dentro de la descripción teórica del modelo humano. Experimenta una confirmación existencial a través, por ejemplo, de las experiencias obtenidas en la praxis terapéutica de la psicología, y estas experiencias rezan: que la represión de la capacidad emotiva erótica enraizada en lo sensual hace, *en absoluto,* imposible el amor y ahoga igualmente el amor "espiritual" y "religioso"; y que la intransigencia, la severidad y rigidez corrientes en hombres que desean llevar una vida "religiosa" pudieran ser determinadas por la innatural represiónde la *passio amoris*[2]. El hombre es un ser corporal hasta en la más sublime espiritualidad. Pero esta corporalidad que le hace ser hombre o mujer hasta en las más espirituales manifestaciones no significa exclusivamente barrera y limitación; es conjuntamente el manantial dispensador de toda actividad humana. En ello coinciden santo Tomás y Platón.

LA VECINDAD ENTRE ESPÍRITU Y SENSIBILIDAD. ¿HAY AMOR "DESINTERESADO"?

Otra de las "disensiones" muy discutidas, entre la concepción platónica del *eros* y lo que nosotros tenemos por verdad, se evidencia como superficial en un estudio más próximo. El concepto platónico de *eros,* se dice, implica en el fondo un *amor de sí mismo* que tiende al enriquecimiento y la plenitud, mientras que el concepto cristiano

---

[2] Cf. *Anima,* Jg. 1957; No. 3 (Sonderheft), 236.

cáritas-ágape es, por el contraria, el amor enajenándose, desinteresado, ofreciéndose. Esta contraposición, que representa de por sí una simplificación inadmisible, es altamente impugnable en sus dos partes. En primer lugar, también según Platón, el *eros* ascendido para la contemplación de lo originariamente bello adopta una forma que abandona todo desear egoísta y que se podría designar lo más exactamente como "adoración". El final del discurso de Diotima en el *Banquete* es difícilmente interpretable de otro modo (211-212). De otra parte es, ante todo, especialmente discutible que el hombre pueda amar, en absoluto, "desinteresadamente". Hasta en la teología es definida la más alta forma de la *cáritas,* de manera que a través de ella se ama a Dios como el *dispensador de bienaventuranza*[3]. Pero bienaventuranza, lo que en último término se busca en todo amor, no es sino la saciedad definitiva de la sed más profunda. El hombre es por naturaleza un ser sediento y necesitado; no, como ha dicho Kant, en tanto «pertenece al mundo sensorial»[4], sino, justamente, en cuanto es espíritu. No podemos ser tan desinteresados que desistamos de la saciedad última, de la bienaventuranza: no *podemos* querer no ser felices[5].

---

[3] Tomás de Aquino 2-2 q. 23 a. 1.

[4] *Crítica de la razón práctica.*

[5] Tomás de Aquino, Sum. contra Gent. 4, 92; Sum. theol. 1-2 q. 13 a. 6.

8.
SÚPLICA AL EROS DIVINO

La segunda parte del diálogo

En el auténtico discurso "retractatorio", que forma el núcleo del diálogo *Fedro*, ha hablado Sócrates con un *pathos* tan puro y grave como en pocas ocasiones. Tanto, que se excusa justamente por ello, de un modo, de nuevo, absolutamente irónico, en la súplica final dirigida directamente al *eros* divino: «Si mi retractación, que te está dedicada y te quiere satisfacer, se ha servido alguna vez de expresiones poéticas, ha sido a causa de Fedro», y entonces sucede lo que suele suceder regularmente en los diálogos platónicos: se hace todo lo imaginable para destruir cualquier posible «estado de ánimo festivo». De un golpe se transforma la atmósfera y sigue una conversación frívola, un intercambio de ideas al parecer casualmente surgidas y ordenadas por pura asociación. El mismo Sócrates habla al final del juego: «Me parece que ya hemos jugado

125

bastante...». Pero es probable que justo esta segunda parte del diálogo, llena de alusiones chistosas a las celebridades de la Atenas de entonces, representase para el lector de Platón algo inmediato y apasionantemente vivo debido a una actualidad para nosotros irreconstruible.

Cuándo es bello un discurso

Sería de extrañar, por otra parte, que esta parte del diálogo no estuviese también referida al tema fundamental. Pertenece, por ejemplo, al fenómeno total, el que en el discurso de Lisias, en el que se ha encendido toda la discusión sobre el *eros*, no sea el *contenido* lo más importante para el autor y su público. Solo el *cómo* de la dicción parece revestir importancia. Se trata de retórica, publicidad, literatura; se pretende impresionar y fascinar, y sin duda también agradar (y esto está igualmente en relación con el *contenido*: ello encierra una garantía de éxito). «¿No lo encuentras irresistiblemente expresado?», dice Fedro. Uno de los componentes es, por consiguiente, que la destrucción actúe como algo que no es explícitamente imaginado como destrucción; y sin embargo lo que aparentemente se pretende, "la forma literaria" preocupada exclusivamente por el ritmo, la melodía, el metaforismo, la elegancia formal y una selección nueva de palabras, es el vehículo para una doctrina corruptora, falsa y destructora de la vida humana. Y así, de un modo muy lógico, vuelve este ligero coloquio bajo el plátano al viejo tema socrático: ¿qué es lo que hace ser *bello* a un discurso; si realmente hay que tener conocimiento sobre lo que se diserta, o si no se trata de decir la verdad? En un diálogo anterior, Sócrates ha resumido así la declaración del sofista Gorgias sobre su propio arte: «La retórica se comporta de este modo: ni necesita conocer la cosa en sí, ni saber cómo se comporta; solo tiene que dominar una técnica de la persuasión que despierte en el inexperto la sensación de que el orador sabe más que el entendido» (459 b-c). La respuesta de Fedro, aprendida sin duda en la misma escuela, viene a decir lo mismo: según lo que él ha oído, un orador, para tener éxito, solo necesita saber lo que la multitud *tiene* por verdad; la retórica se basa en la persuasión y no en la verdad. A lo que Sócrates, con la infinita paciencia del modelador de hombres, vuelve a empezar desde el principio, según su costumbre, con mucha concreción: «Supongamos que yo quisiera persuadirte de que te comprases un caballo para la guerra; pero que ninguno de los dos supiéramos lo que es un caballo; aunque sin embargo, yo sí sabría de ti, que para Fedro un caballo es el animal doméstico que tiene las orejas más grandes...». «Pero esto sería ridículo». «No, esto no es ridículo. Pero si yo tratase en serio de decidirte por el asno llamándolo caballo...». Importante es únicamente la conclusión: «Cuando no se trata, de hecho, de asno o caballo, sino del bien y el mal, ¿qué frutos crees tú se pueden cosechar de esta siembra retórica?».

¿LA VERDAD NECESITA DE LA RETÓRICA?

Y entonces se pasa inmediatamente a otra cuestión. Probablemente ha acompañado e inquietado toda su vida

127

a Platón. Friedländer ha citado la sagaz frase de Novalis «polémica es combatirse a sí mismo»[1] para hacer pensar si Platón no habrá podido «dar forma a su peligro más auténtico» en estos discursos sofistas, magistralmente imitados. Y en verdad no se debe olvidar qué terrible tensión interior tuvo que soportar y sostener Platón en su voluntaria vinculación a Sócrates. Arrojar al fuego las tragedias era un acto rápido y heroico. Pero lo que le movió y capacitó a escribir estas tragedias no podía ser destruido tan fácilmente. Y hay que tenerlo presente para aprehender lo especial de la pregunta que hace Platón en el *Fedro*, por boca de Sócrates mismo: *si la verdad no necesita también de la retórica*. Sócrates hace decir por su parte al arte retórico, «quizá injustamente injuriado»: «El verdaderamente experto no podrá, aun sin mí, persuadir a nadie». Casi parece como si Platón no hubiera podido hablar sobre este tema con verdadera imparcialidad. Por una parte, posee la naturaleza del gran escritor extremadamente sensible a todos los matices lingüísticos y que sabe manejar soberanamente todos los medios artísticos sofísticos; y de la otra sigue estando fascinado por ese Sócrates opuesto a toda cultura formal, que habla de un modo totalmente aliterario y que rechaza agresivo e irónico todo lo que sobrepasa el puro decir la verdad. El discípulo de Platón, Aristóteles, que no ha sido afectado por este conflicto, escribirá una generación más tarde, con una espontaneidad genial, una "Retórica" filosófica. Cierto que para Aristóteles seguirá rigiendo lo que llama Sócrates en el *Fedro* la esencia de toda verdadera retórica: conocer las cosas y

---

[1] *Platon* I, 178.

exponer su verdad ante el oyente y el lector de modo que se haga evidente. Suena casi como una norma y estímulo dirigidos a Platón el llamamiento que hace Sócrates al joven Fedro: Un hombre, Fedro, a quien debemos querer parecemos, solo reconocerá como su hijo legítimo el discurso sobre lo equitativo y lo bello y lo bueno dicho *a causa de la verdad*. Con ello es desechado en seco como charlatanería frívola todas esas cuestiones puramente técnicas de discurso de sentencias, de discurso metafórico, discurso breve, discurso largo, discurso de lamento, de calumnia y de desvirtuación de la calumnia.

Los grandes maestros no escriben

Insensiblemente esta charla del mediodía, que parece estar regida por el azar, ha vuelto a pasar a un tema absolutamente distinto, no obstante "pertenecer" igualmente al todo. Fedro ha traído el discurso de Lisias en forma de *manuscrito*. Se trata ya, pues, de la palabra escrita, de "literatura". Algo irremisible y al mismo tiempo altamente discutible se ha puesto en movimiento. Y Platón lo ha experimentado en sí mismo, de modo que el gran escritor escribe sobre los riesgos del escribir. Sócrates narra la historia del descubrimiento de los signos gráficos, y cuenta cómo su descubridor, de nombre Theuth, llegó hasta el rey de Egipto Thamus para alabar los signos gráficos como «medicina para la memoria y la sabiduría», a lo que contestó el sabio Thamus: verdad es justamente lo contrario; la escritura traerá el olvido al alma del que la emplee, porque él, abandonándose a los signos externos, olvidará la manera de recordar por sí mismo, desde dentro. Esta historia es una de las más sabias y que siempre debiera estar presente en la memoria del hombre.

Expresa el fenómeno siempre actual de que los medios técnicos, pese a que parecen, en un principio, facilitar la participación en la realidad y verdad, la dificultan de hecho y, probablemente, hasta la impiden o destruyen. La facilidad del estar-en suprime el real estar-en. Se puede argumentar aquí con razón que este conocimiento no pudo quedar oculto a Platón, justo a causa de su trato con Sócrates y de sus ininterrumpidas meditaciones sobre este hombre. Los más grandes maestros no escriben. Es casi imposible adivinar que esta última frase es casi una cita literal de la *Summa Theologica* de santo Tomás[2], que menciona por lo demás en esta conexión a Sócrates. Santo Tomás se pregunta si Cristo no habría debido redactar su doctrina, a lo que replica que al más grande maestra le corresponde la más alta forma de enseñar, que consiste en inculcar la doctrina en el corazón de los oyentes. Así los más grandes maestros, entre los paganos, los *excellentissimi doctores* Sócrates y Pitágoras, no han querido escribir nada. Esto quizá esclarezca a su vez el extraño hecho de que Platón durante los casi cincuenta años de su existencia de escritor haya escrito exclusivamente *diálogos*. Únicamente en el coloquio —así lo ha expresado el anciano Platón en su séptima carta (341 d)— salta de improviso en el alma la chispa de la verdad. Naturalmente que la obra platónica es, no obstante, discurso *escrito,* "literatura". Pero «el diálogo es la única forma

---

[2] *Sum. theol.* 3 q. 42 a. 4.

de libro que parece suprimir el libro»[3]. E igualmente la enigmática frase de Platón a los setenta y cinco años (en la misma séptima carta), que no existe nada escrito por él sobre lo «verdadero», y que jamás existirá; que lo escrito, cuando el escritor es un hombre, no es nunca lo verdaderamente serio; «lo serio descansará en el más bello lugar de sus pensamientos» (344 c). También este enigma tardío está en conexión con la historia del descubrimiento de los signos gráficos que le cuenta Sócrates al joven Fedro bajo el plátano en el arroyo Ilisos.

Se habla todavía de muchas otras cosas. Y se dan frases que hacen parar la lectura, por ejemplo: «Practicar la justicia y defender hasta el derecho del lobo» o esta otra: «¿Crees tú que se puede llegar a conocer verdaderamente la naturaleza del alma, sin conocer la naturaleza del todo?», y también tiene lugar la trascendente distinción entre la sabiduría propia a Dios (*sophia*) y la *philosophia* humana.

ORACIÓN POR «LA BELLEZA INTERIOR»

Al final resurge, sin embargo, la palabra básica del gran discurso sobre el *eros*: *belleza*. Tras la irónica y superficial causticidad con que Sócrates, según su costumbre, se suele reír hasta de sí mismo, se percibe la profunda gravedad que endereza definitivamente cualquier malentendido persistente o demasiado compacto. Fedro se pone de pie de un salto y quiere regresar a la ciudad: «Deja que nos vayamos; el calor más molesto ya ha

---

[3] FRIEDLÄNDER, *Platon* I, 177.

pasado». Pero Sócrates pregunta si no cree él que es adecuado recitar una oración. Y entonces recita la oración a «Pan y a los otros dioses», que empieza con las palabras «otórgame la belleza interior y haz que mi exterior trabe amistad con ella».

ESTE LIBRO, PUBLICADO POR
EDICIONES RIALP, S. A.,
MANUEL URIBE, 13-15, 28033 MADRID,
SE TERMINÓ DE IMPRIMIR EN
ANZOS, S. L., FUENLABRADA (MADRID),
EL DÍA 16 DE DICIEMBRE DE 2025.